民族音楽学 12の視点

◎監修◎
徳丸吉彦

◎編◎
増野亜子

音楽之友社

はじめに

　民族音楽学（音楽民族学と呼ばれることもある）は音楽を、多様な角度から理解しようとする学問である。本書はこの民族音楽学の入門書であり、専門的な音楽の経験や技術がなくても、音楽に興味がある人に、この学問のもつ視点と方法を理解し、またその面白さを知ってもらうために編まれたものである。

　「民族」という語がついてはいるものの、民族音楽学はどこか遠い異国の、異民族の音楽だけを扱うものでなく、日本や欧米の音楽、子供の遊びからポップスまであらゆる音楽を扱う。先史時代から地球上のあらゆる場所で、人々はそれぞれのやり方で歌を歌い、楽器を鳴らし、音楽に合わせて踊ってきた。民族音楽学者のパイオニアの一人ジョン・ブラッキングJohn Blacking（1928-1990）は、人間は誰でも生まれながらにして音楽する能力をもっているという意味で「音楽的」な存在であり、重要なのは「人間はいかに音楽的であるか」を問うことだと考えた。またブラッキングはさらに、この問いは「人間の本質とは何か」という大きな問いに通じるとしている（ブラッキング 1978: 3-8）。人間にとって音楽は、生きることに欠かせない重要な営みである。だから世界はいつも多様な音楽で満ちていた。時代が変わり、人々の好みが変わり、テクノロジーや表現方法が変化しても、音楽の重要性は多分ずっと変わらず、その世界は多分広がり続けるだろう。その広大で深遠な音楽の世界を探求して、人間と音楽について考えてみることもまた、音楽を演奏したり、聴いたりして楽しむことと同様に、興味深く、意義のあることである。

　民族音楽学では、リズムや旋律や歌詞の分析だけでなく、音楽を生み出し、また音楽によって生み出される人と人のつながり、宗教や文化、社会的制度や歴史について考える。音楽は社会の中で創造され、伝承され、受容される。時には保護され、あるいは統制され、禁止されることもある。そして音楽そのものにもまた、社会を創出し、変化させる力がある。民族音楽学者は人々が音楽を演奏し、歌い、踊るところへと、世界中のさまざまな場所へ

出かけていき、時には自分も共に歌い踊りながら、音楽の力が人々にもたらすものと、音楽を生み出す人間の力について考えてきた。ジャンルや地域、「民族」の境目を超えて横断的に、また多角的に蓄積された、音楽と人間についての発見と思考こそ民族音楽学の強みであり、面白さである。

　本書では12の視点から、多様な事例に基づいて音楽について論じている。著者の主な調査地は日本、欧米、アフリカ、アジアと多岐にわたっているが、地域別・ジャンル別にそれぞれの音楽文化を概説するのではなく、むしろ複数の音楽文化を横断的に捉えられるような視点を設定している。最初の「響きと身体」のセクションでは身体、舞踊、書記性（楽譜）、言葉という４つの視点から、音楽と音楽周辺の要素との間に生じる相互作用について考える。次の「伝承と政策」では音楽の伝承と保護、そして変化の過程における個人、国家政策、ユネスコ等の国際機関の関与について見ていく。そして「社会の中の音楽」ではグローバル化した現代社会における音楽と社会の複雑で双方向的な関係を、マイノリティ、越境、アイデンティティ構築、知的所有権という４つの視点から考察する。最後に民族音楽学という学問の現在の到達点について解説して総括とする。12の章の間には７つのコラムを置き、少し詳しくそれぞれのキーワードについて概説し、民族音楽学を学ぶ際に必要な、基本的な用語や概念を整理している。なお、本書では用語は無理に統一せず、各執筆者の学問的背景や意向の多様性を尊重する方向で編集した。

　本文の12章とコラムはどこから読んでも構わない。ぱらぱらとめくって興味のある章から読み始めてもいいし、最初から順番に読み進めていくのもいい。それぞれの章は、あなたの周りに広がる豊かな音楽の世界に向かって開く扉である。ひとつ窓を開けるごとに視界がひらけ、音楽が前よりもっと楽しく、面白く、そして大切なものに思えてくるはずだ。

増　野　亜　子

目　次

はじめに ———————————————————— 増野亜子　2

響きと身体

1 音楽と身体 ———————————————— 増野亜子　8
コラム1　リズム ———————————————— 寺田吉孝　19
2 音楽と舞踊 ———————————————— 金光真理子　22
コラム2　舞踊の記譜と分析法 ———————— 金光真理子　33
3 聴こえるものと見えるもの ———————— 谷正人　36
コラム3　音組織（音階） ———————————— 谷正人　47
4 音・声・ことば ———————————————— 梶丸岳　50

伝承と政策

5 伝統芸能の伝承──個人にとっての芸の伝承 ── 小塩さとみ　62
コラム4　楽譜・採譜・分析 ———————————— 小塩さとみ　72
6 無形文化遺産としての音楽 ———————— 福岡正太　74
コラム5　資料としての楽器 ———————————— 福岡正太　85
7 無形文化財と韓国の伝統音楽 ———————— 植村幸生　90

社会の中の音楽

8 マイノリティ ─────────── 寺田吉孝　102

コラム6　映像記録と録音 ─────── 藤岡幹嗣　113

9 越境・ディアスポラ ──────── 早稲田みな子　116

コラム7　フィールドワーク ────── 梶丸岳　128

10 ローカルとグローバル、アイデンティティ ── 髙松晃子　130

11 グローバル化と著作権問題 ────── 塚田健一　140

総　括

12 民族音楽学への流れ ──────── 徳丸吉彦　152

あとがき ──────────── 増野亜子　161

楽器分類表　88
引用・参考文献　162
　日本語・韓国語文献　162
　英語・ドイツ語・フランス語・ペルシャ語文献　170
事項・人名索引　181
世界地図　188

響きと身体

1 音楽と身体
増野亜子
INTRODUCTION

　インドネシア・バリ島で影絵人形芝居（ワヤン・クリット）をはじめて見たのは大学生のときだった。ゆらゆら揺れるランプの炎、スクリーンに映る人形の影、変幻自在な語り手の声と伴奏音楽グンデル・ワヤンの響きのすべてがひとつになって、今まで経験したことのない圧倒的な力で迫ってきて、私はほとんどその場で溶けてしまいそうだった。その数日後から私はグンデル・ワヤンを習い始めた。師匠はロチェンさんといい、小柄だが信じられないほどパワフルな演奏をするお爺さんである。

　グンデルの稽古では楽譜を使わない。向かい合わせに楽器を並べ、師匠の演奏を真似て一緒に演奏する。この「一緒に」が難しい。バチすらろくに握れないうちから、はじめて聴く曲を、その場で、一緒に演奏するなんてどう考えても無理だと思った。しかし、まずは先生の模範演奏を理解してから、などという理屈は通用しない。「お前は遠くからわざわざ習いに来たんだろう？　なのになんで俺が1人で弾いてて、お前は見てるんだ？」と叱られる。仕方ないのでとにかく師匠の演奏に集中し、何とか同じように弾こうとする。何度も繰り返してやっと少し理解できたと思うか思わないうちに、すでにロチェンさんは先へ先へと進んでいく。頭がもうろうとして来るまで練習を続けたあと、昼食をごちそうになり、食後はふらふらになって宿に戻る。さっきの覚えかけの旋律が、不完全なまま頭の中をまだぐるぐる回っている。毎日がその繰り返し。

　夜になると、よく一座と一緒に影絵芝居に連れて行ってもらった。影絵人形の箱とランプ、演者たちと一緒に小さな車にぎゅうぎゅうに詰め込まれる。そんな時でも神聖な人形の箱に決して足を乗せてはいけない

写真1-1　1998〜1999年頃のロチェン師匠。自宅で稽古時の録音中に撮影したもの。稽古中は楽器を2台向かい合わせに置く。手前の楽器の前に私自身が座るかたちで師匠と対面して習う。増野撮影

と教わった。たとえ普段は普通のおじさんで、親しい友人や家族であっても、影絵芝居のときの人形遣いは特別な存在なのだから、敬意を払われなければならない。出されたコーヒーに人形遣いより先に手をつけるなと教えられた。座っている人の前を通るときは、腰をかがめ手を出して「スグロー」と言うと失礼に当たらないこと、たとえ満腹でも失礼にならないように出された食事に必ず手をつけること、食事前に飲み水のカップを使って右手を洗う方法、若い女性をからかうことばにスマートに対応する方法。演奏以外にも学ぶことはたくさんあった。たとえ楽器が上手に演奏できても、きちんとふるまい、人々とうまくやっていけなければ意味がない。そもそも誰も演奏の機会すらくれないだろう。ロチェンさんは私に「バリのやり方」を教えようとしたのだ。

　はじめてバリを訪れてから年月が過ぎ、私の演奏技術も少しは上達した。ロチェンさんはすでに故人となったが、今でも折に触れ、こんなときに師匠ならなんというか考えることがある。バリに行くたびに、音楽についてもそれ以外のことについても、まだまだ学ばなければならないことが多いことに気づかされる。そしてそれはうれしいことである。

I. 身体的体験としての音楽

　音楽は身体的体験である。音楽は身体を揺さぶる。音は振動として皮膚に伝わり、重低音は腹の底に響く。人は音楽に突き動かされるようにして手を打ち、頭を揺らし、踊る。音楽は私たちの身体と感覚を内部から深く揺り動かし、脈拍や体温や脳波に直接的に作用し、時にはトランスに導く（Cf. Becker 2004）。

　耳が音を捉えるとき、目もまた楽器や演奏家や踊る人々の姿を捉え、肌はその場の空気を感じ、匂いを嗅いでいる。たとえば夏祭りのお囃子の響きはごったがえす人々の熱気、じっとりとした夏の夜の空気、屋台の匂いと分かちがたく混ざりあっている。音楽社会学者のクリストファー・スモールChristopher Smallは音楽にかかわるあらゆる行動——演奏だけでなく聴くことを含み、またその周辺をとりまくさまざまな経験——を包括的に理解するために「音楽するmusicking」という用語を提唱した（スモール 2011）。人間が「音楽する」ときには、身体のさまざまな器官が動員され、連動している。「音楽する」人間の身体には音を生み出す、音を聴く、共演者や聴衆とコミュニケーションする、音楽を視覚的に表現するといった多様な意味があり、認知心理学や音響心理学等の分野からも数々の研究がなされてきた（たとえばGodøy; Leman 2010）。ここでは主に民族音楽学の研究成果に基づき、音楽する身体の文化的・社会的側面について考えてみたい。

　パプアニューギニアのセピック丘陵に暮らすワヘイの音楽文化を調査した山田陽一は、祭りの際に歌われる「精霊のうた」が、森を流れる川の流れと同じかたちをもつとみなされること、ワヘイの人々が歌うことと、身体を川の流れにのせて進むことを同じものと感じていることを指摘した（山田 2000: 214-216）。「精霊のうた」の歌声は大きく小さくうねって流れ、歌い手の身体は左右に揺れる。その音の流れや身体の揺れをワヘイは「グハ」と呼ぶが、「グハ」は川の水の流れ、木々の葉の揺れ等を示す語でもあり、また最も強力な精霊の名前でもある。音響的に知覚される声や音楽は身体の運動がもたらす感覚（カヌーによる川の移動、それに伴う身体の揺れや動き）とひ

とつに結びついており、さらにそれは儀礼の中で精霊の力の表れとして認識される（山田 2000: 192-218）。このような「音と響きあい、共鳴する身体」を、山田は「音響的身体」「音楽する身体」と呼ぶ（山田 2000, 山田 2008）。ワヘイの音響的身体はセピックの熱帯雨林の川の流れ、自然環境によって育まれたものであり、その川を頻繁にカヌーで往来して暮らすワヘイの生活に深く根差している。

2. 音楽的身体とその可塑性

　身体はさまざまな音を出すことができる。声と息を巧みに使いこなすビート・ボクシングbeat boxingや、全身でリズムを刻むボディ・パーカッションbody percussionは人間の身体が豊かな音響的可能性をもっていることを示す。また身体に加えて楽器を用いることで、さらに幅広い音を出すことができる。

　人は多様な音を求めてさまざまな素材で、さまざまな構造の楽器をつくり、活用してきた。それぞれの楽器に固有の素材や構造に合わせて叩く、打ち合わせる、吹く、こする、弾く等の身体技法が必要とされ、同じ竹の笛でも尺八と篠笛では楽器の構え方、口の形、息の吹き方が異なる。つまり楽器には演奏者の身体の形や動かし方を規定する側面があるのだ（徳丸 1996: 66）。さらに同じヴァイオリンでも、オーケストラの演奏者なら椅子に座り、ソリストなら立って、インド古典音楽のヴァイオリン奏者なら床に座って演奏するだろうし、ロックやジャズのヴァイオリン奏者なら、演奏しながらステージを歩いたり、とび跳ねたり、踊ったりするかもしれない。楽器の構造や音楽様式だけでなく、「音楽する」行為をとりまく文脈や習慣によって、異なった身体性が求められるのである。

　ジョン・ブラッキングJohn Blacking（1928-1990）は、すべての人間は音楽的であるとし、音楽性は人類の普遍的能力のひとつであると指摘した（ブラッキング 1978）。しかし私たちの音楽的身体は生得的な能力だけではなく、練習や経験によって後天的に獲得された身体技法によって形作られている。熟練したギタリストなら、基本のコードを演奏するのに、左手の指の位

置を1本ずつ確認する必要はない。しかし初心者は正しいポジションに指を置くだけでも苦労するだろう。訓練と習慣化を経ることによって、身体の使い方を習得した熟練者は、実に多くの技術や知識はほとんど無意識的に——マイケル・ポランニーMichael Polanyi（1891-1976）が「暗黙知」と呼ぶような形で——用いている（ポランニー 2003）。

　道具としての楽器は、人間の身体や目的に合わせて作られ、人々が志向する音楽的ニーズに合わせて変化してきた。しかし音楽的身体の形成過程、つまり練習や訓練の段階にはしばしば足が痺れる、指から血が出る等の肉体的苦痛を伴い、タコができる、筋肉がつくといった形で、むしろ身体の方が楽器の音楽的要求に合うように変形する場合もある。徳丸吉彦はこのように楽器と人間が互いに働きかけ、変化を促すプロセスを「楽器と人のインターフェース」と表現した（徳丸 1996: 66-73）。またアフガニスタンの弦楽器ドゥタールdutārを研究したジョン・ベイリーJohn Bailyは、楽器の改良が音楽的身体を変化させるだけでなく、音楽の構造や様式の変化と相互関係にあることを示した。ドゥタールの弦が増え、フレットがつけられて形状が変化すると、演奏可能な音域が拡大し、表現の幅が広くなって、他の楽器との合奏に用いることも容易になった。一方で楽器は以前より重くなり、より高度な演奏技術が必要とされるようになった。そしてこのような変化は、音楽家の社会的地位が向上し、ドゥタールがアフガニスタンの文化的アイデンティティの象徴として認知されていく過程と重なっており、双方向的な影響関係にあったと考えられる（Baily 1977）。

3. ガムラン合奏における音楽的身体

　次にインドネシア、バリ島のグンデル・ワヤンgender wayang（または単にグンデルと呼ぶ）を例に、合奏音楽における音楽的なコミュニケーションにはどのような身体が必要とされ、またそうした身体がどのように形成されるかを少し詳しく見ていきたい。

　グンデル・ワヤンはバリの伝統的器楽合奏ガムランgamelanの一種で10枚の青銅製鍵盤をもつ楽器を2台1組、もしくは4台2組で演奏するものであ

る。両手にもった木製のバチで叩いて音を出しながら、同時に小指から手首にかけての側面を使って不要な音、つまりひとつ前に叩いた音の鍵盤の振動をとめるのが基本的な演奏技法である。初心者はバチをうまく操作できず、不要な残響が残りがちだが、熟達した演奏者は手首を柔軟に使いこなして音量や音色の細やかな違いを弾き分ける。

　グンデルを学ぶ際には楽譜は用いない。先生の手の動きを見て、音を聴き、同時に自分も手を動かし、音を出しながら一緒に演奏して模倣する。この段階では学習者にとって他者（先生）の身体や音とできるだけ同期し、同じように身体を用いて、同じ音を演奏することが目標である。

　グンデル・ワヤンの音楽はポロスpolosとサンシsangsihの2パートから構成されており、各パートの奏者は、しばしば互いに隙間を埋めあうインターロッキングなリズムを演奏する（この奏法はバリの音楽全般で頻繁に用いられ、一般にコテカンkotekanと呼ばれる、**譜例1-1参照**）。

譜例1-1　ポロスとサンシの演奏する音を、右手ずつ、左手ずつに分けて記したものである。上段が右手、下段が左手、各段の上方がポロス、下方がサンシのパートである。この曲の場合はポロスとサンシの左手は同じ旋律を演奏するが、右手のパートは音が異なり、お互いの音と音が歯車のように組み合わさっている。音程は近似値。バリ島スカワティ村の伝承曲《ビモ・クロドBima Krodo》の一部、増野による採譜

　譜例1-1では上段に上向きに記したポロスの右手と上段下向きに記したサンシ（S）の右手がインターロッキングな関係にある。互いの音は時に重なりあいながら、相手の音と音の隙間（譜面上は休符）の部分を埋めるように演奏されている。（なおこの曲のこの部分では左手は同じ旋律を演奏しているが、曲によっては左手もインターロッキングで演奏することもある）。学習者がポロスのパートを大体覚えると、先生はそれに合わせてサンシを演奏する。つまり学習者は、右手は先生とは異なった身体の動きで、異なった音型を演奏し、かつ左手は先生と合わせて同じ音型を演奏することが要求され

る。慣れないうちは、サンシを聴きながらポロスを演奏すると混乱するが、相手の音をよく聴くことも習得すべき重要な身体技術のひとつである。ポロスとサンシはピンポンのように音をやり取りし、支え合ってひとつの旋律をつくる相互補完的な関係にある。互いの音を聴きあい、その相互関係を理解して、音と音がぴったりとかみ合ったときにはじめて、音がひとつになって流れ出す。

　バリの楽器演奏は合奏が基本で、伝統的に独奏の習慣はない（ただし歌は1人で歌うことも多い）。楽器を演奏することは常に「自分と異なるパターンを演奏する他者」との共同作業であり、他人の身体を見て、他人の音を聞くこと、それに連動して自分の身体を動かし、音を出すことが求められる。それは相手の話をよく聞き、自分も話すことでことばをやりとりし、会話を成立させることと似ている。バリの音楽家は学習の早い段階から合奏を体験し、他者との相互関係、相互作用の中で自分の身体と音を意識し、動かす能力を習得する。

　影絵人形芝居ワヤン・クリットwayang kulitの伴奏の際にはさらに高度な相互作用の能力が必要とされる。バリ島のワヤン・クリットでは影絵人形遣い（ダランdalang）が、人形を操作しながらすべての台詞や歌を1人で歌い語る。台本は用いないことが多く、語りには即興的な要素が多いため、グンデル奏者もダランのパフォーマンスにその場その場で対応できなければならない。ダランは声や人形の動き、そして足にはさんだ小さな木槌（チュパラcepala）で人形箱を叩いて演奏者に合図を送る。グンデル奏者のうちの1人が合奏全体のリーダーになり、ダランと合奏全体の仲介役になって、音や身振りで他の演奏者に音量やテンポ、曲の変化を指示する。バリの音楽家は合奏のリーダーの役割を「運転手」に、合奏全体を1台の「車」にたとえる。カーヴや対向車、信号や標識に気を配りながら疾走する車のように、ワヤンの「運転手」は、場面の展開や人形の動きに瞬時に対応しながら、ひたすらダランの声と身体に集中して「車＝合奏」を走らせる。他の演奏者は車に乗るときのように車の揺れや動きに身を任せながら、同時に自らも車の一部になって音楽を前進させる。影絵芝居の音楽には、他の演奏者の音、ダランの声、人形の動きとフレキシブルに連動し、他者と身体的なダイナミズムを共

有しながら、自分の音を生み出すことが要求される。

4. 音楽的身体の社会的形成

　社会学者のマルセル・モースMarcel Mauss（1872-1950）の「身体技法techniques du corps」論や、ピエール・ブルデューPierre Bourdieu（1930-2002）の「ハビトゥスhabitus」論は、人が無意識に用いている日常的な身体技法（たとえば泳ぎ方や歩き方）の多くが、身体の属性や生理的な必然性に起因するだけでなく、社会的に構築されたものであり、時代や文化によって多様であることに着目した（モース 1997［1976］: 121-156; ブルデュー 2001［1988; 1990］）。いいかえれば私たちが身体を用いる方法のほとんどは、他の人々との関係性の中で習得されたものなのである。

　音楽的身体もまた他人の身体との関係性のなかで構築される。バリ以外の事例を見てみよう。北インドの伝統声楽ドゥルパドdhrupadの歌手は演唱中に表情豊かに手を動かすが、その多くはほぼ無意識的、即興的なものであり、当の歌手たちはこれを音楽にとってあくまで副次的なものとみなしてきた。しかし最近の研究では、それらの動作もまた音楽のダイナミズムや表情を表すだけでなく、長年の師弟関係を通じて学習され、流派に特有のかたちで伝承されてきたものでもあることが明らかになった（Rahaim 2012: 108-109）。また南インドの古典音楽には、リズム周期を手の動きで表し、周期と拍の感覚を身体化するクリヤーkriyāという身体技法があるが、聴衆もまたクリヤーを行なうことによって演奏家の感じているリズムを共有しようとする（寺田 2008: 243）。北インドのまた別の古典声楽ヒヤールkhyālを分析したマーティン・クレイトンMartin Claytonは主唱者、伴奏のハルモニウムharmonium（鍵盤楽器）・タブラ・バヤtabla bhaya（太鼓）・ターンプーラtāmpūra（弦楽器）の各演奏者、そして聴衆が、演奏中にそれぞれの役割や音楽的な場面に応じた身体動作——演奏に必要な手の動きだけでなく手や上半身の動き、微細な顔の動きや視線を含む——によって相互にコミュニケーションを行なっていることを示した（Clayton 2007）。

　音楽的身体は個人の努力や工夫だけでなく、師匠、共演者、聴衆等の他者

とのコミュニケーションや相互作用を通して育まれる。師事したり、共演したりした相手から直接的に学ぶだけでなく、たとえば憧れの演奏者の手の動きを観察し、模倣することや、他人の評価を聞くことも、音楽的身体の形成に影響を及ぼす。

5. 人々のまなざしと「見せる」ための音楽的身体

　師弟関係をはじめとする音楽家同士のコミュニティが、演奏家個人の音楽的身体の形成に果たす役割は大きいが、音楽を聴き、音楽家の身体を見つめる聴衆の役割と、演奏をとりまく社会的な文脈のもつ力を無視することはできない。再びグンデル・ワヤンの事例に戻って具体的に考えてみたい。

　2006年にバリの都市部で子供のグンデル・ワヤン競技会が始まると、グンデル奏者が場の主役となる新しい演奏の文脈が生まれた。従来グンデル・ワヤンは影絵芝居の伴奏のほか、結婚式や削歯儀礼（一人前になった証として儀礼的に犬歯の一部を削る）、火葬儀礼等の際に演奏されてきたが、いずれの場合もグンデル演奏は場の主役ではなかった。影絵芝居ではスクリーンにさえぎられて演奏者は観客から見えないことも多い。また儀礼の場では供物や食事の用意、僧侶が行なう儀式、来客同士のおしゃべりまでさまざまなことが同時に行なわれ、空間は人々のざわめきや物音に満ちている。グンデル演奏は儀礼や影絵芝居にとって不可欠ではあるが、あくまでもその一部分にすぎない。一方地域や学校対抗の芸能競技会は、家族や共同体の誇りやアイデンティティと結びついた社会的関心事であり、グンデル・ワヤンは人々の熱いまなざしの中心に置かれる。審査員は演奏者の手の動きや姿勢を注意深く見て、その技術と表現力を評価し、観客もまた演奏に注目し、拍手や指笛で演奏を応援し、互いに感想をいいあい、写真やビデオを撮る。こうした人々の視線にこたえて、グンデル競技会は独特の、「音楽する身体」を生み出した。

　競技会では踊り手のような派手な衣装や化粧をした演奏者が整列して舞台に入退場し、揃って丁寧なお辞儀をして拍手を受ける。さらに演奏の開始時や途中で手のひらやバチを高く振り上げる、くるくる回す、ポーズを決める

などの身体動作を用いるようになった。これらの装飾的な動作の多くは、本来演奏に必要不可欠というわけではない。競技会のための特別な振付を何度も練習して披露するのである。また審査員や観客から顔や手元がよく見えるように、各楽器を向かい合わせにまとめて置く通常のやり方ではなく、全員がやや正面を向く「ハ」の字型2列に楽器を配置することが多くなった（写真1-2）。こうした変化は競技会という場がもつ固有の社会的な意味と、観客の視線や期待に呼応して、演奏を「見せる」ことを意識して生み出されたものである（Mashino 2009）。

　「見せる」ための身体技法は、演奏者の技術と音楽の表情を視覚的に表現し、強調しようとするものである。中でもとくに重視されるのは全員が「ぴったりと揃っていること（クコンパカン kekompakan）」である。前述のように合奏の一体感は、バリの音楽全般において重要であるが、競技会ではそれが揃いの衣装や振付、入退場やお辞儀等の視覚的要素によってさらに強調される。一方で「見せる」ための工夫は演奏そのものにも少なからず影響を与える。楽器配置を変えると、演奏中の共演者の身体の見え方や音の聞こえ方も変わる。また振付は音楽の感じ方やタイミングの合わせ方にも影響を与える。バリの音楽家は振付をつけた方が子供たちが自信をもって演奏できるという。一方で派手な振付や衣装は儀礼や影絵芝居の場では不要で、不適切であるとされ、用いられない。演奏の文脈によって人々が音楽家に注ぐまなざしは変化し、それに伴って演奏者もまた異なった身体技法を用いるのである。

　身体は人が自分を個として認識するよりどころであると同時に、他人の身体とふれあい、つながり、共有され、相互に作

写真1-2　2013年にバリ芸術祭で行われたグンデル・ワヤン競技会でのギャニアール県代表チームの演奏の様子。増野撮影

用しあう社会的性質ももっている。演奏する場の性質や共演する人々、さらには聴衆のまなざしによって身体のあり方も、音楽のあり方も変化する。音を生み出し、音を聴き、音に反応する音楽的身体は、人と楽器、人と人、人と音、人と場の間のたえまない相互作用の中で培われ、変化していく可能性をもっている。

コラム 1
リズム

寺田吉孝

　リズムは音楽の時間的側面をつかさどる、不可欠な要素である。極言すれば、他の要素がなくても音楽は成立しうるが、リズムなしに音楽は存在しない。西洋芸術音楽を研究対象とする音楽学では、リズムは旋律や和声と並んで音楽の3本柱のひとつと位置づけられたが、ほかの2つの要素に比べると若干軽視されてきた感がある。しかし、民族音楽学を中心として世界各地の音楽の研究がすすむにつれ、リズムへの関心が高まった。アフリカ起源の音楽の特質が、様々なポピュラー音楽の成立にかかわり、それらが世界中に広がることで、リズムのもつ多様性がこれまでにない規模で共有されるようになった。アジアやラテンアメリカなど他地域の音楽も次々と紹介され、それぞれの地域で発展したリズムの形式や考え方が知られるようになった。リズムの復権というべき状況が生まれている。

　リズムは、時間の周期性を示すか否かによって大別される。繰り返される最小の時間の単位はパルスpulseとよばれ、等間隔で打ち続ける心臓の鼓動を意味する英語に由来する。一定間隔で現れるパルスは音として聞こえなくてもよい。むしろ、多くの場合、鳴り響く音の前提として演奏者や聞くものの身体にある感覚として存在する。

　このパルスの有無で、音楽を大きく分けることが出来る。パルスのない音楽は定期性をまったくもたないため自由リズム（フリーリズム）と呼ばれ、インド古典音楽のアーラープālāp、日本の追分（おいわけ）などがその例である。さらに、パルスがある音楽は、パルスの組み合わせによって一定の周期性を示しているものと、示していないものに分類できる。

　ここでは、周期性がある音楽に限り、演奏の自由度（即興性）が高い音楽のなかで用いられるリズムの組み立てかたのいくつかを紹介したい。パルスを拍と同義で使うこともあるが、ここではさらに分割が可能な単位を拍と呼ぶことにする。

1) **インターロッキングリズム**　複数のパートがお互いに補いあってひとつのリズムをつくりあげる技法で、東南アジアで頻繁に用いられる（インドネシア、バリ島の事例に関して1章も参照）。南フィリピンで演奏されるクリンタンkulintangという音楽では、アグンagungと呼ばれる2つ1組の大きなゴングが用いられ、2人の奏者によって演奏される。奏者は主従に分かれていて、主奏者が演奏するリズムパターンに対し、従奏者が入れ子になるような補完的パターンを演奏する。この2人が創りだすリズムには基本形が一応存在するが、主奏者はリズムのパターンを随時変えていく。従奏者はそれを聞きながら、もしくは予期しながら、主奏者のくり出すパターンに適合するパターンを打つ。瞬時のうちに2人が一緒になってひとつのリズムを

写真C1-1　インターロッキングリズムを演奏する二人一組のアグン奏者（写真上部）と、クリンタン奏者（下部）(ミンダナオ島、2008年、寺田撮影)

作っていくところが、この音楽の醍醐味である。お互いがパターンを変化させてゆくので、2つが組み合わさって出来るパターンの組み合わせは無限であり、予期できない。しかし、アグンの演奏は、2人の奏者間で完結しているのではない。とくに主奏者はアンサンブルを構成する他の楽器に注意を払いながら演奏する。とくに、アグンの主奏者は、演奏されるメロディのリズム的側面に敏感に反応しながら演奏することが期待されている。共演者と対話をするかのように演奏する形態は、ジャズのコンボなどとも共通点があり、それらの総体が音楽となる。

2) **リズム周期** 音楽が一定の周期をもち、その周期の枠組みの中でリズムの演奏を行なうもので、南アジアでとくに顕著に見られるリズムの枠組みである。リズム的側面が高度に体系化されている南インドの古典音楽では、自由リズムの即興音楽を除けば、ターラtālaと呼ばれるリズム周期の枠組みの中で、すべての演奏が行なわれる。それぞれのターラは固有の名前をもち、決まった数の拍で構成されている。ターラを構成する拍には序列があり、1拍目(サマsama)、歌詞の開始点(イェドゥップeduppu)、ターラの中間点(アルディarudi)などが重要であると考えられており、リズム伴奏者は、これらのポイントを様々な技法で強調するように演奏する。

3) **クロスリズム cross-rhythm** クロスリズムとは、文字通り異なるリズムを交差(クロス)させる技法。上記の南インド古典音楽の例では、リズム周期の枠組みが、クロスリズム演奏の基盤となっている点が特徴である。リズム周期という一定の枠組みのなかで、拍の分割を変化させる(たとえば、4から3に変える)技法や、拍の分割は変えず、分割で得られた小拍を異なる数で組みなおす技法などを用いることで、クロスリズムが生まれる。リズム周期は3、5、7など奇数の拍数をもつものも多く、また1拍を3、4、5、7、9等分することが音楽習得の一部になっているため、時にはプロの演奏者でさえ理解が困難な高度なクロスリズム(たとえば、5と7の交差)が誕生しうる場合がある。

4) **ポリリズム polyrhythm** 複数のリズムが同時に進行する形態。クロスリズムと同義で用いられることもあるが、ここでは複数のリズムが常時並行して進行するポリリズムと、一時的にリズムが交差するクロスリズムを区別する。ポリリズムは、アフリカの音楽の特徴のひとつで、とくに西アフリカで頻繁に用いられる。1人の奏者が両方を演じる場合もあれば、複数の奏者が、それぞれのパートを担当し、総体としてポリリズムになる場合がある。マリの太鼓アンサンブルでは、複数の奏者によってポリリズムの演奏が繰り広げられる。踊りの伴奏を受けもつので、そのリズムは踊りと不可分の関係をもっている。踊り手は、身体の部位を異なるリズムに同調させて踊るため、踊る身体のなかにポリリズムが発現するといってもよい。

ここで注意すべきは、ポリリズムやクロスリズム等の用語は、外部の研究者が分析概念として考案したことである。たとえば、ポリリズムは「複数のリズム」の意味だが、演奏者ははたしてそのように体験しているのだろうか。それともひとつのリズムとして感知されているのだろうか。リズムの内的な体験に関するクロスカルチュラ

コラム　1　リズム　21

譜例C1-1　ポリリズム（Locke 2013: 9）

ルな研究は、今後の課題のひとつである。
　それぞれの音楽がもつノリは、その音楽を組み立てているリズムの構造に深く関係している。独特のグルーヴ感に触れることがあれば、何がその感覚を創りだしている

のか考えてほしい。以前と比べリズムの多様性が広く知られるようになったことは事実であるが、ここで紹介したのはその一部である。多様なリズムのありようを知ることで、音楽の楽しみ方の幅を広げてほしい。

2 音楽と舞踊
金光真理子
INTRODUCTION

　私がサルデーニャ舞踊と出会ったのは偶然であった。民族音楽学に憧れて大学院へ入学したものの調査地もろくに決まっていなかった私が、何かおもしろい音楽はないかと探していたある日、イタリアのサルデーニャ島にラウネッダス launeddasという、3本の葦笛でポリフォニー（多声：この楽器の場合、旋律と対旋律と和音）を演奏する世にも稀な楽器があることを知った。イタリアが実は民俗音楽の宝庫で、サルデーニャを始め「ヨーロッパ＝クラシック音楽」という枠組みでは語りきれない音楽が広がっていることを知った私は、イタリアを目指すことにした。GoogleもYouTubeも存在しなかった当時（1999年）、私が日本で視聴できたラウネッダスの音源は、米コロンビア社のWorld Library of Folk and Primitive MusicシリーズのLP（Vol.16：Southern Italy and the islands）と数枚のCDであった。数分の録音から聞こえてくるラウネッダスの音は何やら騒々しく、実のところ好きにはなれなかった。

　いざイタリアへ渡り、サルデーニャへたどり着いた私は、ラウネッダス奏者を探し、手当たり次第訪ねていった。そうしてはじめてラウネッダスと対面できたのがコローナさんの教室であった。夕方、仕事帰りの若者がやってきてラウネッダスを取りだし、これまで習った曲を吹いてはコローナさんの指導を受け、続きを教えてもらう。はじめて耳にするラウネッダスの生の音は大きくも輝かしく、その響き渡るハーモニーは明るくもどこか哀愁が漂い、思わず目頭が熱くなったのを今でも覚えている。

　こうしてラウネッダスを追いかけ、小さな村祭りから大きなイベントまで様々な場を訪れたが、どこへ行こうと必ずあるのが舞踊の輪だっ

写真2-1　ラウネッダスで踊る人。榎本聖一撮影

た。村の集会所であれ、屋外の広場であれ、ラウネッダスが鳴りだすと、自然とその周りに1組2組踊る人たちが現れ、それが次々と連なり、やがて大きな輪になる。初めはラウネッダスに集中してビデオを回していた私も気になりだした。みんなラウネッダスなんか聞いていない。いや、聞いているけれど、それは踊るため——。とうとうビデオカメラを放りだし、踊りの輪に加わった私はそれ以来すっかり舞踊にハマってしまった。同年代のバルバラとロベルタと親しくなり、舞踊の機会があれば2人と一緒に出かけた。ある晩、2人が「サルデーニャ舞踊のディスコ」へ行こうと言う。向かった先は伝統的な家屋を改築した広い体育館のようなスペースで、老若男女大勢の人が集まり、ラウネッダスやアコーディオンが演奏するのに合わせて夜遅くまで踊り続けていた。

　ラウネッダスのレパートリーの中心は舞踊音楽である。だから音楽を理解するには舞踊を知る必要がある。当然のようだが、音楽は聴くものという先入観があると、つい研究も音楽だけを切り離してしまう。しかし、音楽を追いかけていたはずの私がいつの間にか踊っていたように、あの晩「ディスコ」で踊っていた人々にとって、音楽は舞踊であり舞踊は音楽であって、それが「バッロ・サルド（サルデーニャ舞踊）」に違いない。

I. 民族音楽学と民族舞踊学

　世界の芸能をみると、音楽と舞踊が分かちがたく結びついたものが多いことに気づく。フラメンコは歌と踊りとギター演奏の3つが合わさった芸術であるし、タンゴは音楽であり舞踊である。遡れば、音楽（英語のmusic）の語源とされる古代ギリシアのムーシケーは、今の私たちが考える音楽だけでなく詩や舞踊を含めた包括的な技芸の概念であったとされる。

　音楽と舞踊が根底で結びついているとすれば、その両者を切り離すことなく全体（パフォーマンス）として見る方がよい。そうすることで、お祭りであれ、儀礼であれ、その音楽・舞踊を行っている人々・社会のあり方が見えてくることもある。イギリスの民族音楽学者ジョン・ブラッキングJohn Blacking（1928-1990）は、南アフリカのヴェンダの人々の文化を調査し、少女の通過儀礼において音楽と舞踊がいかに母性ないし然るべき女性の生き方（男性の良き伴侶となり結婚・出産）を形式的・象徴的に表象しているかを分析してみせた（ブラッキング 1978: 114-126）。

　さて、パフォーマンス全体を見るといっても、その中の音楽と舞踊をそれぞれどのように分析すればよいだろうか。分析の方法は目的によって決まってくる。音楽・舞踊の構造を知りたければ、楽譜に書き起こして（採譜）、音や身体動作そのものへ言及するだろう。あるいは、音楽・舞踊と社会の関係を明らかにしたければ、文献調査やフィールドワークを通して、音楽・舞踊をめぐる社会的コンテクストを探るだろう。もちろん、どちらか一方でなく音楽分析も社会調査も行なうかもしれない。実際、音楽分析に終始した研究だけでは不十分だし、かといってただ音楽を対象としただけの社会史・文化研究ならば音楽学（民族音楽学）でなくとも歴史学や文化人類学でも出来る。2つのアプローチをうまく統合することが音楽学の課題であり、そして音楽学ならではの研究方法となるのはやはり音楽分析であろう（塚田 2014）。

　民族音楽学では音楽分析と同様に舞踊分析を行ない、舞踊研究に特化した「民族舞踊学 ethnochoreology」という領域を築いてきた。人間の身体が空間と時間において繰り広げる動作を一体どのように記述すればよいのか。音

楽分析に楽譜が欠かせないように、舞踊分析にもラバノーテーションlabanotationという舞踊記譜法（コラム2参照）が一般に用いられるが、五線譜のように多くの人が読めるものではない。1世紀前、舞踊の構造分析は手探りの状態から始まったが、だからこそヨーロッパ（とくに東欧）やアメリカをはじめ各地で独自の分析手法が発展し、その後、国際的な分析概念の確立をめざして理論的な整理が進んだ。以下、民族舞踊学の成果を辿りながら、舞踊分析の観点や方法を具体的に見ていこう。

2. 舞踊研究の方向性

　民族舞踊学には大きく分けて民俗学的アプローチと文化人類学的アプローチがあり、前者はヨーロッパで主に自文化を対象に発展し、後者はアメリカで主に他文化を対象に発展した。前者は舞踊の分析を通して舞踊自体を理解しようとするのに対し、後者は舞踊の分析を通してその文化全体を理解しようとする。

2-1. 民俗学的アプローチ

　ヨーロッパの民俗舞踊の研究は、みずからの国（民族）の舞踊を対象とし、ときに国家の支援を受けながら、フィールドワークを行なって舞踊の実例を記録（写真／ビデオ／録音）・調査（インタビュー）し、分析（採譜）・分類・比較を通して当該文化の舞踊の特徴を解明しようとするものであった。18・19世紀、近代国家が誕生していくヨーロッパでは、政治的ナショナリズム（民族主義）の高まりとともに、「民族の芸術」とみなされた民間伝承（フォークロア）の研究が始まった。とくに東欧の社会主義国は、国家プロジェクトとして民俗音楽・舞踊の調査に取り組み、蒐集した各地の事例から「民族性」を明らかにすべく分析・分類を行なった（Giurchescu; Torp 1991）。

　研究のひとつの到達点となったのが、1975年の「シラバス」である。各国が独自に研究を進めた結果、1950年代後半のヨーロッパでは国ごとに独自の舞踊記譜法・分析概念が並存する状態であった。そこで国際民俗音楽学会International folk music council（現在はInternational council for traditional music）のメンバーであった東欧の研究者たちが「共通に使える分析概念」を創ろうと集まる。10年に渡る会合と議論の末、彼らの舞踊分析の方法を概説した「民俗舞踊の構造・形式分析の基礎：シラバス」（以下、「シラバス」）が学会誌（*Yearbook of the IFMC 1974*）に発表された（Giurchescu 2007）。

「シラバス」の分析方法は、舞踊の構成要素を解体していき、舞踊全体から最小単位までレベルごとに要素を図式化した構造分析で、後の研究・議論の土台となった。まず、分析の対象となるのは舞踊の「形式form」つまり「個別の要素が一部として機能し構造全体を成した有機的プロセスの結果」（Giurchescu; Kröschlová 2007: 23）である。ヨーロッパの民俗舞踊は種々のステップを組み合わせた一定のパターンをエンドレスに繰り返すことが多く、この一定のパターンを舞踊の「形式」と考えてよい。次に、舞踊の形式は、最大で8つのレベルに解体されうる（図2-1）。ひとつの舞踊 Dance(T)

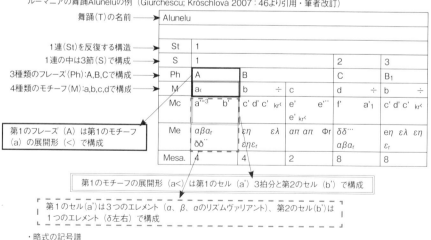

図2-1 「シラバス」における舞踊の構造分析の記号

は、内容に応じて、いくつかのパートPart(P)に分かれ、さらに連 Strophe (St)、節 Section(S)、フレーズ Phrase(Ph)、モチーフ Motif(M)へと細分化される。モチーフは「文化的に意味のある最小単位」で、形式分析上最も重要なレベルである。モチーフはさらにセル Motif-Cell(Mc)そして動作の最小単位のエレメント Motif-element(Me)まで分解できる。各レベルの要素を表す記号が決まっているので、これを使って図式化すると、ひとつの舞踊をまるで数式のように表すことができる。

　舞踊の分析概念の共通化を通じて、舞踊を通文化的に比較する可能性が開かれた意義は大きい。ヨーロッパの民俗舞踊の中でも踊り手が輪を作って踊る円舞に注目したリスベルト・トープ Lisbert Torpは、フランスを始め東欧からギリシアまで1285の舞踊の事例を対象に構造分析を行ない、ひとつのモチーフだけのシンプルなパターンから複数のモチーフを組みあわせ展開した複雑なパターンまで、各舞踊の形式をラバノーテーションと併せて示している (Torp 1990)。

2-2. 文化人類学的アプローチ

　一方、文化人類学が発展したアメリカ合衆国では、舞踊研究は主に他文化の舞踊を対象とし、舞踊とそれをとりまく文化的コンテクストの調査・分析を通して社会全体を理解しようとするものであった。研究の前提となるのは、アメリカ文化人類学の祖フランツ・ボアズ Franz Boas (1858-1942) による、他者の文化を「彼ら自身の概念に従って」理解しようとする文化相対主義である。

　調査でまず問題となるのが、当該文化の「舞踊」の概念である。そもそも「舞踊」あるいは英語のdanceに相当する概念は無いかもしれない。たとえば、日本語の「舞踊」は明治時代の坪内逍遥による造語である。日本では古来「遊び」や「舞」や「踊り」等と呼ばれた儀礼的な所作や宗教的遊芸が、次第に芸能へと様式化されていった（吉川 1970, 三隅 1970）。したがって、日本の舞踊研究では、この日本独自の概念を理解するため、宗教や思想・風俗や芸能を含めた歴史的・民俗学的調査が重要な一角となる。

　ある文化の舞踊を彼らの概念ないし価値観とあわせて理解するため、研究

者は舞踊を参与観察し、彼らが「美しい」あるいは「間違っている」とみなす、当事者にとって意味のある動作を見出していく。こうして舞踊をイーミックな視点（当事者の視点）から解析していき、いわば外国語を学ぶように、個々の動作の意味やその運用規則を明らかにしていくことで、全体を司る体系の解明につながる。舞踊を切り口に当該文化／民族／社会の知の体系を導き出す手法は、エスノサイエンス（ある民族の知識体系や分類法の研究）のアプローチである。

　エスノサイエンスによる舞踊研究を代表するのが、エイドリアン・ケプラー Adrienne L. Kaepplerによるポリネシアのトンガの舞踊の構造分析である。ケプラーは構造言語学の手法に倣って舞踊の構成要素を分析し、当事者が区別する身体の各部位の動きの最小単位を「カイニームkineme」（音素phonemeに相当）、それらを組み合わせた動作として意味をなす最小単位を「モルフォカインmorphokine」（形態素morphemeに相当）と名付けた。トンガの舞踊の場合、身体の部位として重要なのは頭headと脚legと腕armsの三部分で、それぞれにカイニームがあり（頭はひとつのみ、脚は11個、腕は6グループ34個）、たとえば脚の第五のカイニーム（両膝を曲げるbend the knees low in place）はL5と記す。カイニームを組み合わせたモルフォカインは4種類（M.Ⅰ：手と腕、M.Ⅱ：脚、M.Ⅲ：頭、M.Ⅳ：その他）に大別され、カイニームの組み合わせによって下位区分される（M.Ⅰ.a.1等）。さらに、よく使われるモルフォカインの組み合わせは「モチーフmotif」（単語wordに相当）を形成する（Kaeppler 1972, 2007）。

　ケプラーの舞踊分析は、実はヨーロッパの「シラバス」と驚くほど似ている。両者が同時期に（1960年代後半〜）大西洋を挟んで舞踊の分析方法をそれぞれ思案した結果、どちらも舞踊の構成要素を段階的に解析する構造分析を選択したことになる。両者の根本的な違いは分析の焦点ないしレベルにあり、「シラバス」がパフォーマンスに焦点を当て、個々の舞踊の分析から出発するのに対し、ケプラーは体系に焦点を当て、ある文化の舞踊全体の分析を念頭においている。この分析レベルの違いは、言語学のパロールとラングに例えられている（Giurchescu 2007: 12）。

2-3. 民族学的アプローチ

　民族舞踊学の研究方法は、上記の2つ以外にも、たとえば心理学や生物学やジェンダーの観点から舞踊の（非言語）コミュニケーション力を論じた研究（Hanna 1979, 1987, 1988）等があるが、多くの研究に見られるのが民族学ethnologyのアプローチである。フィールドワークを通してある人々（民族）の舞踊を記述（分析・考察）した結果として、舞踊の象徴性や文化的アイデンティティ等が明らかになる。たとえば、ハワイの盆踊りを研究したジュディ・ヴァン・ザイル Judy Van Zileは、日本からハワイへ伝わった盆踊りの歴史と実態を調査し、踊り自体はテンポが上がり振りも華やかに変化しながらも、盆踊りを通じて「日本」を意識することが若者にとって「エスニック・ルーツの（再）発見」につながっていることを指摘している（Van Zile 1982）。

　筆者のイタリア・サルデーニャ島のラウネッダスの音楽・舞踊の研究（金光 2006、2008a、2008b）も、音楽ひいては舞踊の構造を分析した結果、音楽・舞踊がいかに人々のコミュニケーションの重要な表現様式となっていたか、音楽・舞踊の社会性を明らかにしたものである。当初、筆者はラウネッダスの音楽のみに焦点を当てていたが、やがて舞踊の重要性を知り、音楽と舞踊を相関的に分析した。その結果、音楽と舞踊の構造を社会的に構築されたものとしてよく理解できるようになった。

写真2-2　舞踊を伴奏するラウネッダス奏者。榎本聖一撮影

　ラウネッダスの音楽の中心を占めるのは舞踊のための舞踊曲である。楽譜はなく、師匠（マエストロ）から弟子へと口頭伝承で受け継がれてきた。ラウネッダスの舞踊曲の構造を理解するには「イスカラ iskala」（サルデーニャ語で「階段」）という

写真2-3　1960年代のラウネッダス舞踊

概念が鍵になる。イスカラとはラウネッダス奏者の間で受け継がれてきた一連の旋律型を指す。旋律型とはある一定の旋律のパターンで、奏者はそのパターンに従って少しずつ似ていながらも異なる旋律をいくつも作りだす。こうして奏者は即興的に旋律を紡ぎだしながら、イスカラとして定まった一連の旋律型をひとつずつ順番に演奏する。ラウネッダス奏者はこれを「イスカラに従って演奏する sonai a iskala」といい、旋律型の順序を入れ替えると、間違いとして批判する。

　なぜ旋律型の順番を守らなければならないのか？　ラウネッダスの舞踊曲の旋律は、楽器の構造上、限られた4音で出来ていて（旋律を担うチャンター管で出せるのは主に4音）、どの旋律型も似ており、旋律型の順番がなぜそうでなければならないのか、聞いただけではよくわからない。また、先行研究は「主題連続 thematic continuity」の原理と名付けて、ひとつの旋律型から次の旋律型へ切れ目なくつながるような旋律の展開が望ましいと論じているが、前提となる旋律型の順番については言及していない（Bentzon 1969: 47）。さらに、ラウネッダス奏者に尋ねてみても、師匠（マエストロ）からそのように習ったと言うだけで明確な回答は返ってこない（ただし、イスカラの概念については流派や個人によっても意見が異なるため、ひとつの正しいヴァージョンを想定できるわけではない）。

　問題は旋律型の順番自体にとどまらず、そもそもなぜ、何のためにそのような順番をもつものとして整えられたのか、イスカラの構成原理が焦点になる。そこで筆者が注目したのが舞踊である。調査中、幾度となく耳にしたのは「音楽に合わせて secondo la musica」踊るという表現であった。踊り手は一体どのように「音楽に合わせて」踊るのだろうか。もしかすると踊り手はイスカラを理解して、踊りに反映させているのだろうか。舞踊の観点から音楽を見直すべく、舞踊分析に着手した。

　舞踊分析には、学習、観察、分析（採譜）の3段階があった。まずはみずから舞踊を学んだ。ラウネッダス舞踊は足（脚）の動きを中心としたステップの舞踊である。手取り足取りステップを教わることで、身構えや身体動作を経験的に理解し、そうした動作の何が重要か（重要でないか）良し悪しの美的価値観も学ぶことができた。ステップは村ごとに10種類ほどあり、踊り

手はその中から任意にステップを選び、組み合わせて踊る。どのステップを踏んでいるか、ステップを知らなければその判別は難しいが、ひとつずつ習ったことでステップが判るようになり、舞踊のパフォーマンスを解読できるようになった。そこで舞踊の実例をできる限り観察・記録し、その映像から実際のステップの組み合わせを分析した。同時にステップの採譜も行なった。ラバノーテーションによる採譜は時間がかかる作業で、多くの人の指導・助言を得てようやくひとつの形へ纏めたが、この採譜を通じてあらためて舞踊の特徴を認識でき、その特徴を目に見える形で明示できるようになった。

　分析の結果、「音楽に合わせて」踊るとは、音楽の旋律型と密接にかかわっていることが判った。自由にステップを選び踊っているように見える踊り手は、無秩序にステップを組み合わせているわけではなく、実は音楽を聴きながら旋律型に合わせたステップを——たとえば、下降形の旋律であれば、後ろへ下がる動きのステップを、より華やかな旋律になれば、より動きのあるステップを——選択していたのである（ただし、旋律型とステップに固定した対応関係は一例を除いて無い）。かくして「音楽に合わせて踊る」とは第一に「旋律型に適したステップを選ぶ」ことであった。さて、旋律型に従ってステップを選ぶということは、旋律型が変わればそれに応じてステップも変えるということである。しかも旋律型が変わると同時にステップも変えることができればなお良い。実際、上手な（といわれる）踊り手の踊りではステップの移り変わりが旋律型のそれとシンクロナイズしていた。したがって「音楽に合わせて踊る」とは第二に「旋律型の推移に伴いステップを変える」ことであった。もっとも、実際の演奏を聞いてみると、ラウネッダス奏者がひとつの旋律型をどれだけ展開するか、演奏にかける時間は演奏のたびに変わりうる。つまり、音楽が次の旋律型へ移るタイミングはその場で聴き分けるしかない。そこで踊り手に求められるのは、音楽を注意深く聴きながら、旋律の展開を予測し、次の旋律型を待ち構えることである。この踊り手による予測や待ち構えを可能にするのが、イスカラとして決まった旋律型の順番に他ならない。つまり、踊り手はたとえイスカラという概念は知らずとも、一連の旋律型とその展開を経験的に理解しており、だからこそ音楽の展開に合わせてステップを変えながら踊ることができるのである。

音楽の展開を読みながら踊る舞踊のパフォーマンスには、ラウネッダス奏者と踊り手がときに駆け引きするゲームのような楽しさがある。ラウネッダス奏者は基本的に（雇われ演奏家なので）踊り手の求めに応じて演奏しながらも、踊り手を出し抜くように旋律を展開するかもしれない。それに応じて巧みに踊りこなす踊り手は、仲間や意中の人へ良い格好ができるかもしれない。20世紀初頭まで、ラウネッダス舞踊はサルデーニャ（南部）の人々にとって最大の娯楽であり、とくに若者にとって公に認められた唯一の出会いの場であった。こうした舞踊の社会的コンテクストに照らし合わせてみると、ラウネッダス奏者と踊り手が、音楽と舞踊が相互に参照し合う関係は、舞踊というハレの場を演出するゲームのルールとなっていたのである。

　現在、ラウネッダス舞踊の場や機会は大きく変わり、それに伴い舞踊の「音楽に合わせて」踊る価値観は薄れ、音楽も（舞踊伴奏ではない）コンサート形式が主流になっている。社会の変化は音楽・舞踊へ反映される。ブラッキングは民族音楽学の課題を「音楽の演奏・享受に見られる社会的要素（ただし音楽として表れている）に鑑みて、音楽／音楽活動を説明する」ことと記している（Blacking 1979: 10）。この言葉の「音楽」に「舞踊」を加えて、もう一度読み返してみることができるだろう。

コラム 2
舞踊の記譜と分析法

金光真理子

民族舞踊学では対象とする舞踊を譜面にする記譜の作業が重要になる。記譜は人間の身体が空間・時間上で繰り広げる動作を固定化することで、そこから分析が出発するといってもよい。記譜の意義は、まず記譜の行為そのものが分析であり、舞踊の構造の理解につながる点にある。身体の重心はどこにあり、各部位はどのように構えているのか、的確に記譜しようとすることで舞踊をより深く理解し、全体を視覚化できたときには構造を一目で把握できるようになる。そして記譜は比較分析を可能にする。たとえば、舞踊と音楽を比較するため、筆者はラウネッダス舞踊の分析でステップを記譜し音楽の楽譜と並べてみた。すると、足を交差させステップを閉じる動作と音楽のフレーズの最後の強拍とが重なっていることが一目瞭然になった。あるいは2つの異なる舞踊を比較するため、北インドの宮廷舞踊カタックとスペインのフラメンコの類似性に注目した研究では、2

つの舞踊のステップと構えを記譜し、両者がたしかに相似していることを端的に示している（Phillips 2013）。このように記譜は証明手段となりうる。記号化された記譜を読み解くことで論文の読み手も分析結果を検証することになる（記譜の意義の詳細はVan Zile 1999等）。

民族舞踊学の舞踊分析において広く用いられている記譜法にラバノーテーションlabanotationがある。これはヨーロッパのモダン・ダンスの祖の1人、ルドルフ・フォン・ラバンRudolf von Laban（1879-1958）が考案した舞踊記譜法で、身体の各部位の動きを、音楽の五線譜を縦にしたような譜表stuffと各種の記号symbolsによって記述する。ラバノーテーションを学ぶためのテキストにはHutchinson 2013（1977）やアメリカのDNB（Dance Notation Bureau）によるTopaz 1996等がある（DNBはオンラインでラバノーテーションの初級・中級を習得するコースも設けている）。日本語の参考資料としては、舞踊記譜法を網羅的に概説した中村 2011が参考になる。ここでは譜面の読み方の基本を紹介したい。

ラバノーテーションは読み手がみずから

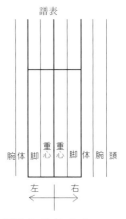

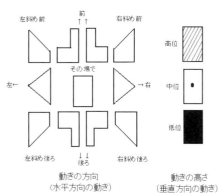

図C2-1　ラバノーテーション

の身体を動かす視点でイメージできるようになっている（図C2-1参照）。譜表は下から上へ読み進む。譜表の中央の縦線が身体の中心線を表し、中心線の右側に身体の右側の動作を、左側に身体の左側の動作を記す。譜表の各身体部位に相当するコラムcolumn（中央から順に、重心 supports、脚のジェスチャー leg gestures、体 body、腕 arm、頭 head）に記号をおくことで、どの部位の動作であるか示す。記号は大きく分けて、記号の形によって動作の方向directionを、記号の模様によって動作の高さlevelを、記号の長さによって動作の時間的な長さdurationを表す。さらに細かな身体部位の動きについては、ボディ・サインbody signと呼ばれる付加記号を記譜する。

たとえば、両脚で直立した状態から「1拍目でしゃがみ、2拍目で元の姿勢に戻って、3拍目で背伸びして、4拍目で元に戻る」という動作をラバノーテーションで記述すると、譜例C2-1のようになる。「その場で足踏み」は譜例C2-2、「前へ歩く」は譜例C2-3、「前へスキップ」は譜例C2-4のように記述できる。

譜例C2-5は、サルデーニャ舞踊のステップのひとつ、「パッス・トッラウpassu torrau」（後ろへ下がるステップの意）のラバノーテーションである。全部で6拍のステップで、名前の通り、後ろへ進む動き（2拍目から）が特徴である。5拍目の右足を左前へスライドさせる動きはステップを閉じる動作で、他のステップにも共通している。譜例C2-6は「パッサ・プンタウpass'appuntau」（1ヶ所で踏むステップの意）と呼ばれるステップで、全部で6拍、その場で左右の足を順に2歩ずつ踏みながら足を前後へ蹴り上げる動作が特徴である。

さらに左右のコラムへ体や手の動作を記すこともできる。譜例C2-7は広く普及した盆踊りのひとつ、《炭坑節》の採譜（Van Zile 1982: 52-55）の一部である。音楽は前奏から「月が出た出た　月が出」までの部分に相当し、1～4拍目で「（炭を）掘って掘って」の動作を右側で行ない、5～8

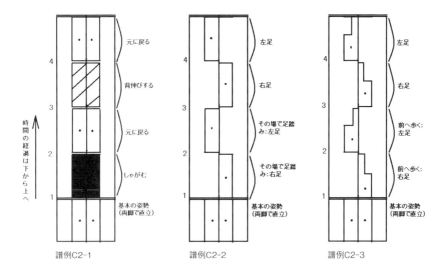

譜例C2-1　　　　譜例C2-2　　　　譜例C2-3

拍目で同じ動作を左側で行ない、9〜12拍目は「抱えて抱えて」の動作、13〜16拍目は「(お天道様を) 仰いで仰いで」の動作、17拍以降は「(荷台を) 押して押して」の動作にあたる。

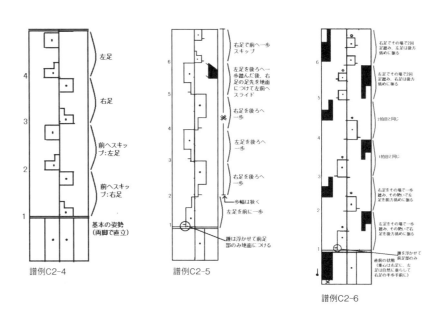

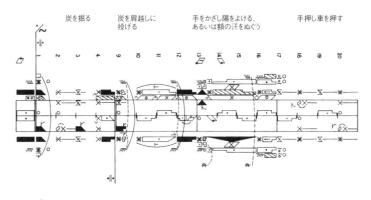

譜例C2-7 「(炭を) 掘って掘って (右1〜4、左5〜8)」、「抱えて抱えて(9〜12)」、「(お天道様を) 仰いで仰いで(13〜16)」、「(荷台を) 押して押して」。音楽の前奏から「月が出た出た 月が出」まで。
(Van Zile 1982: 54)

3
聴こえるものと見えるもの
谷　正人
INTRODUCTION

　はじめてイランに行ったのは大学2回生の終わりだった。最初のレッスンでは日本ではまったく判らなかったイラン独特の五線譜の読み方についての手ほどきを受けた。大学1回生の時から、当時「民族音楽演習」という名の下で行なわれていたイランの伝統楽器サントゥールの授業に興味をもちそこに参加していたものの、いまひとつイラン音楽独特の五線譜の読み方がわからなかったためである。

　そもそも、イラン音楽が五線譜を使うと知ったときには不思議な驚きがあった。「民族音楽」といえば、楽譜が無いか、あっても自分が今まで慣れ親しんできた五線譜とは似ても似つかぬものだろうと決めてかかっていた私にとって、イラン音楽が五線譜で教えられているという事実には拍子抜けしたものの、子供の頃からピアノを習っていた自分にとっては有利なのではという思いも同時にあった。しかしそんな思いはすぐに打ち破られることとなる。

　イラン音楽を聴いたものなら誰でも、その音楽が一定の拍子で計れず、あたかも漂うように流れていることに気付くだろう。こういった明確な拍の無い、自由な、あるいは伸縮自在とも評されるリズムはアーヴァーズāvāzと呼ばれ、イラン音楽の大きな特徴である。しかしこうした、音価（音の長さ）が明白でなく伸縮自在であるところの音楽的要素は、音価を細かく規定する五線記譜法では必ずしもうまく表記できるわけではない。だとすればそこで必要となるのは、私たち側の対応——「読み方」の変更——だ。

　実際、アーヴァーズの楽譜を読むものは、たとえば通常の五線記譜法

譜例3-1　当初筆者が「旋律のまとまり」「フレーズの区切り」を読み取ることができなかったアーヴァーズの楽譜の一例。見ての通りそこには小節線も書き込まれていない。(Sabā 1991: 20)

における、4分音符は8分音符2つ分に相当し、4分音符2つ分は2分音符に相当する、というような音価に対する基本的ともいえる約束事が、「4分音符は8分音符より長く、2分音符より短い」といった程度の意味しかもち得ないことを了解している。長音符はその音価を超えてたっぷりと引き伸ばされる。これらは休符に関しても同様で、こういった長さや短さは、前後の音符との相対関係や、全体の文脈の中で捉えられるという風に、あらかじめ読み手側が情報を補うことが要請されているのである。

　しかしイラン音楽を学び始めてまもない私に、補うべき情報など何もない。おまけに、そうしたアーヴァーズの、一定の拍子でもって区切れない特性を示すために、アーヴァーズの楽譜には小節線さえ書き込まれていないのである。私は延々と書き連ねられている楽譜から「旋律のまとまり」や「フレーズの区切り」など、音楽にとって生命線ともいえる大事な情報を読み取ることが当初まったくできなかった。

　五線譜を読めるはずの自分がそれを読めていない事態に直面して、私は混乱し始めていた。「自分はそもそも本当に五線譜を『読めていた』のだろうか？」「これまでの『正しい』読み方が、新しい読み方への習熟を逆に邪魔しているのでは？」「いや、そもそも音価を『適当に』しかとらないイランの書き方や読み方のほうが『間違っている』のでは？」

　この経験をきっかけとして、私は、鳴り響く音と書かれたものとの関係について、そしてさらには楽譜を書いたり読んだりという行為についても様々に考えるようになったのである。

1. 目で見る音楽

　言うまでもないことだろうが、私たちの多くは音楽というものをまず何よりも聴こえるものとして理解しているだろう。とはいえ同時に私たちは、楽譜を通して音楽を目で見て理解する機会も数多く有している。もちろん文化や音楽ジャンルの違いによって、また個人の嗜好や哲学などの違いによっても、音楽を先ず以て耳で聴いているのか、それとも目で見ているのか、あるいは両者のバランスのどの地点にいるのかは様々であるが、本章では両者の関係を今一度整理し直して捉えてみよう。

　両者の関係を整理するために有効なのは、楽譜を所与のものとして専ら読む側にのみ留まるのではなく、一度書く側に立ってみることである。なにも五線譜に長けている必要はない。いま聴こえている音響を何らかの形で残そうとする立場に自らを置いてみると、そこには音楽と楽譜との多様な関係への気付きのヒントがたくさんあることに気付く。

　思うに、そもそも私たちはなぜ音を書き留めるようになったのだろうか。言うまでもなく音が音たる所以は鳴り響いたその直後に跡形もなく消えてしまうということである。現在の私たちであれば、様々な録音デバイスを駆使して手軽に音を録音することもできようが、かつて、そのようにすぐ消えてしまう音に対して、何らかの方法でそれを留め置きたい、後からでもその存在を確認できるようにしたいと願うのは人類に共通した心性であっただろう。結果人類はこれまで、アルファベット文字、音節、各種の線や図形、数字、グラフィック記号などを使って、様々に音楽を書き記してきた。それらは互いにどのような違いがあるのだろうか。

2. 鳴り響く音を記録するのか、音を生み出す身体を記録するのか──奏法譜と表音譜

　最初に考えてみたいのは、鳴り響く音それ自体を記録するのか、それともそうした音を奏でる身体運動を記録するのかという違いである。多くの人に

譜例3-2　6本の線はそれぞれ上からギターの1弦〜6弦に相当、数字は主に左手で押さえるフレットを示す。たとえば左端の記号は「5弦の3番目のフレットを押さえる」ことを意味する。
　また第2小節の3番目の記号の〇印は2分音符（♩）分音をのばすことを示す。なおこのタブ譜にはないが、一般的に調弦の指示を加えて音高を示す。五線譜と併記して使用する場合も多い。（春畑 2009: 37）

とって楽譜といえば、まず五線譜が思い浮かぶだろうが、「ドレミ……」という音を記録する五線譜は、鳴り響く音の記録であって、それをどのように体を使って弾くのかという情報は含まれない。このような楽譜を表音譜という。その一方で、バンド活動などを行なっている人には馴染み深いタブラチュア譜（譜例3-2）というものがある。これは一見五線譜のように見えるものもあるが、実際には各楽器固有の奏法を記した楽譜で、鳴り響く音そのものの記録ではなく、その音を生み出す身体動作（どの弦のどのフレットをどの指で押さえるのか、どの穴を押さえるのか、など）を記録するものである。このような楽譜を奏法譜と呼ぶ。音楽は音だけが突如として出現するわけではなく常に人間の身体によって生み出されてゆくわけで、こうした身体行動の記録という側面も、楽譜というものを考えてゆくうえでは十分に視野に含めていく必要がある。

　再び議論を音そのものに戻そう。世界には様々な記譜法が存在するが、音をそのように記録する際に、人は音のどのような側面に着目しているのだろうか。そして様々な記譜法は音楽のどのような側面の記録に適しているのだろうか。音を構成する要素には、音の高さ・長さ・音色など、様々なものがある。また素人には同じように聞こえている音楽でも、実はその音楽にとって欠かせない音とそうでない音とがあるだろう。またもしそれが言葉である場合、意味内容を書き留めることも記録であるわけだし、さらには意味内容でなく声質について書き留めることも立派な記譜行為であるはずである。このように音がもつ様々な側面や性質のうち、人は一体何を書き留めるのだろうか。書き留められるものとそうでないものは一体どのように決定されるのだろうか。

3. 音を書き留めることの恣意性

　たとえば、今あなたが作りかけの曲の展開に悩んでおり、普段から何か良いメロディが無いかアイデアを模索中の状態だとしよう。そんな折ふと良いメロディが浮かんだとする。もたもたしていると、その記憶はすぐに消え去ってしまう。そこであなたはあわててそのメロディを紙などに、もし紙が無ければたとえ地面にでも、何らかの方法で記録することになるだろう。このような事態を想定してみると、「音を書く」という行為に不可避の、ある特質が浮かび上がってくる。

　仮にあなたが多少五線譜に覚えがあって、五線譜を使ってメロディラインを書いたとしよう。しかしそれは、思いついたメロディのさわりの部分だけであって、それまでの部分は書かないかもしれない。なぜなら、それまでの部分は覚えているので書く必要が無かった——たったそれだけの理由である。あるいは、メロディは書き記してもそれを支えるリズムに関しては書き留めないかもしれない。なぜならリズムについてはすでにある程度確定していた、あるいはメロディさえ思い出せれば、リズムは自動的に思い出せたetc.——いずれにせよ、書く必要はなかったからということになるだろう。

　あるいは逆にあなたが五線譜に疎くて、代わりにメロディラインと思しき線や図形をたどたどしく書いたとしよう。それは当然のことながら、他人には意味不明な落書きのようなものである。しかし、それでよいのである。その「楽譜」は本人が見てわかればそれでよいわけで、場合によっては思いついたメロディそのものでなくても、それを思い出すきっかけになる別の何かでも構わないのだ。

　このことから楽譜には多かれ少なかれ「書いた人間にとって必要なところだけが書かれている」「書いた人間だけがわかる」という側面があることがわかる。たしかに私たちは、音の持つありとあらゆる側面や要素を書き留めているわけではなく（そんなことは不可能だ）、必要な部分だけを無意識のうちに選択して書き留めているのである。またその書き方も、書き手側の常識に沿った形で決定されるのである。

しかしそれは言い換えるなら、「当事者にとって自明な情報は楽譜には書かれていない」ということでもある。何か当たり前のことを繰り返しているだけのように思うかもしれないが、これは音と楽譜の関係を考えてゆく上でとても大切な観点である。なぜなら文化によってそして時代によって、音楽の中のどの要素を当たり前と考えるかは異なっているからである。ひとたび書かれた楽譜を別の時代、別の文化に属する者が読もうとするときの困難の大半は、そうした「何を当たり前と考えるか」についての前提が共有されていないために引き起こされるのである。

具体例を挙げてみよう。かつてイランやアラブ世界では文字譜が採用されていた。**譜例3-3**はイランにおけるそうした文字譜と五線譜の対応表であるが、見た通りこの文字によって表されているのは音高である。そして**譜例3-4**の右側には、音高を表す各文字の下に音価を表す数字が付され、それが左側の五線譜に相当する（8分音符＝1、4分音符＝2）ことを示している（ペルシャ語やアラビア語は右から左に書くため、ここでの各文字とその下の音価を表す数字は右から左に読むこととなる。）が、実際にはこのように音価を書き記す必要はあまりなかった。なぜなら当地の音楽文化は「詩を語る」という行為と密接に結びついており、音価は詩の韻律（その言語がもつリズム——ここでは音節の数よりも、母音の有無とその種類の違いによって生まれる様々な長・短音節の組み合わせ）によって自然に決定されてゆくからである。すなわちその言語の母語話者でありさえすれば、音価はわざわざ書き記す必要がなかったのである（実際ここで示されているリズム形は、ケ

譜例3-3　（Pūrtorāb et al. 2007: 10）

譜例3-4　（Pūrtorāb et al. 2007: 10）

レシュメkereshmehと呼ばれる非常にポピュラーなリズム形であるが、それはここで典型的に謡われる古典詩の韻律モジュタッセ・マハブーン mojtass-e makhbūn「短長短長＋短短長長」によって、そのように決定されている）。

　すでに述べた通り、楽譜というと私たちは読む側に立つほうが圧倒的に多いかもしれない。しかし自分が書く側に立ったときのことを想像すれば、このように「書き手にとって必要なところだけが書かれており」「当たり前なことは書かれていない」という、当然のしかし明確には意識出来ていなかった「音を記録すること」の本質が浮き彫りになってくるのである。

4. 記譜の方法によって変化する聴き方

　おそらく五線譜は、最もよく知られた記譜法であり、かつての民族音楽学者もフィールドにおいて（あるいはフィールドから帰った後に）調査対象となる音や音楽を五線譜に書き付けることを必須の作業としていた。その背景には、やはり五線譜が世界的に広く力をもっているが故の「万能信仰」があったと考えるべきだが、ここで考えてみたいのは、採用する記譜方法に

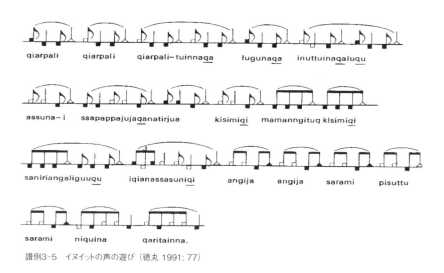

譜例3-5　イヌイットの声の遊び（徳丸 1991: 77）

よって、私たちの聴き方そのものが大きく影響を受けてしまうという事態である。こうした問題を考えるにあたって、徳丸吉彦が『民族音楽学』で紹介したモントリオール大学音楽記号学研究グループによる、イヌイットの音楽をより適切に表わすための記譜法は非常に興味深い。

　この譜面は五線譜ならぬ「一線譜」となっている。というのは、当初調査グループが厳密に記譜していた「イヌイットの声の遊び」の音高は、イヌイットにとっては高い音か低い音かという相対的な区別さえ出来ればよいもので、厳密な音高にはそれほど意味がないということが判明したためである。結果、この音楽を記譜するのに線は1本で十分ということになった。しかしこの事態は、五線記譜法を前提として採譜作業を行なうと、「イヌイットの声の遊び」のような音楽に対しても、その音高をより細かく聴いてしまうという傾向が生まれることを示唆している。同様のことは音価に対してもいえる。五線譜の場合、それは音高以上に理論的にはどこまでも細かく表記することが可能なため、当該文化が認識している以上にそれらを精緻に採譜してしまうということは実際よく起こるだろう。

　そして逆に、ある記譜法において初期状態のままだと書き取ることが難しい音楽的要素は、意識的に聴くことも難しくなるという点もまた指摘しておくべきだろう。たとえば中東やインド音楽の微分音など、半音以上に細かく音程をとる音楽文化に対しては、通常の五線記譜法では新たな記号を考案しなければ上手く書き記せない。また先ほどの「イヌイットの声の遊び」においても実は、息を出しながら歌うのかそれとも吐きながら歌うのか、声帯振動を伴う有声の発音なのか、それとも声を出さずに息だけで発音する無声なのかという、音色の区別に大変重要な意味があったのだが、それらは通常の五線譜では記録することができないのだ。

　そこに気付いた調査グループは、符頭の形状や色でもってそれらを書き留めるための新たな記号を考案したが（徳丸 1991: 79）、もし私たちが調査グループの態度とは異なってある特定の記譜法を客観的・万能だと過信するならば、それはその記譜法で記譜できないものを場合によっては無意識のうちに無いものにしてゆくことともつながってゆくだろう。すなわち私たちは、自身が採用する記譜法の守備範囲に無意識のうちに影響を受けて、音を聴い

ているのである。聴き方と採譜の在り方は独立しているのではなく、互いに影響しあう関係にあるのである。このことを実感するためには、世界に存在する様々な記譜法から任意のものを選び、実際に使ってみるとよいだろう。用いる楽譜の種類によってどれくらい聴き方にバイアスや優先順位が生じるかが身をもって感じられるはずである。

5. 書かれることによって生じる「私有」という属性

　これまで、聴こえるものと書かれたものとの関係について様々に考察してきた。両者の関係は、当初思い描いていたほど単純ではなかったはずだ。さらに厄介なのは、書かれたものそれ自体も様々な属性を持ちうるという点である。同じ楽譜でも、たとえば市販されているクラシック音楽の楽譜は、作曲者が自作品の演奏のありようを指示したものである。一方で、その楽譜を元にある演奏者が弾いた演奏の一例を、ミスやテンポの揺れも含めて詳細に書き取ったものは別の属性をもつものとして扱われるべきだろう。後者の、現実に鳴り響いた後の音を詳細に書き取ったものは「記述的楽譜」と呼ばれる一方で、前者の、音楽が鳴り響く以前にそれを指示する役割をもつものは「規範的楽譜」と呼ばれる。

　そしてこのような属性の違いをめぐっては、認識の違いによる様々な混乱も起きている。その一例としてここで挙げるのは、イランの音楽家ムーサー・マアルーフィMūsā-Ma'rūfī（1889-1965）伝承の記譜出版されたラディーフ*Radīf*（伝統的旋律型集　Ma'rūfī 1995）と、それを巡る批判である。

　イラン伝統音楽では、もともと特定の作者がいるわけではない数百もの伝統的旋律型が口頭伝承されてきたが、20世紀前半よりそれらの多くは特にテヘランにおいて五線譜化された。それらは、伝承のある段階のものを記譜したに過ぎず、その意味において記述的楽譜としての性格が強いもののはずだった。しかしそのような楽譜が、とくに中央（首都テヘラン）から刊行され、さらに伝統音楽の学習に多く用いられることとなると、それはある種の権威を持つこととなる。つまり演奏の一例・解釈の一例にしかすぎないものが、学習の現場ではあるべき姿・模範例として認知されることとなり、今度

は規範的楽譜としての性格を帯びだしてくるのである。

　マアルーフィ伝承のラディーフ本は、他の音楽家伝承のラディーフ本に比べ、分量が膨大なものであった。というのも、もともと口頭伝承の世界においては、ウォルター・オングWalter J. Ong（1912-2003）が指摘するとおり、書かれたものに比べてその表現は「冗長ないし多弁的」（オング 1991: 88）という側面を強く持つことになるからである。つまりマアルーフィのラディーフ本は、そうした実際の演奏における「冗長・多弁性」を逐一記録した結果膨大なものとなった記述的楽譜なのである。

　しかし、たとえばセタール奏者ナスロッラー・ザッリンパンジェNasrollāh-Zarrinpanjeh（1906-1981）は、マアルーフィのラディーフ本に対し手厳しい批判を展開した（柘植 1997: 50）。柘植元一によればその骨子は、「マアルーフィは先人のラディーフを忠実に伝承し再現したのではなく、マアルーフィ自身の創作を恣意的に追加している」というものであり、さらには全600ページ余りという分厚さのこの楽譜を「けっして網羅的な採譜集ではなく、むしろ不純物で水増しされた見かけだおしの出版物」と評したという。これは、楽譜を実際の演奏の単なる記録と見るのではなく、そこに「あるべき姿・模範例」を見出そうとするがゆえに出てくる批判である。つまりザッリンパンジェは、記譜するという行為によって発生した、マアルーフィの楽譜がもつ「権力」に強く反発しているのである。もしザッリンパンジェが、その楽譜を単なる一時の演奏の記録として見ていたならば、その評価はまた違ったものとなっていただろう。とはいえ、よく考えてみるならば、書かれた楽譜に何らかの権力を見出す捉え方は、そもそも消えゆくはずの音を書き留めるという事態そのものと不可分なのである。

　私たちは、鳴り響く言葉であれ音楽であれ、それを文字として書き留める、あるいは楽譜に記すことによって、そして記されたものを視覚的に捉えることによってその言葉や音楽に対してある決定的な属性を付与してしまう。それは「ここで示されているものは、もうすでに誰かによってこのように存在させられてしまっている」という感覚である。つまり、そこに記されているものはもうすでに誰かのものであるという「所有」「私有」の感覚をそこに見出してしまうのである。たしかに振り返ってみてよく考えれば、言

葉や音楽がただ鳴り響いている間は、それはすぐに消えてしまう——つまりどんな言葉や音楽が鳴ったのか（あるいは鳴らなかったのか）ということは、おぼろげな記憶の中にしか残らず厳密なかたちでは検証できない。しかしそれを書き留めるということとなると、それはモノとして具体的に残る——すると誰がこのように存在させたのかということを自動的に考えずにはいられなくなるのである。

　つまり「書き残す」という行為は、ひいてはそこにそのように存在させた「書き手という個人」とその創造性（自律性）をことさら強調することになる。「楽譜を深く内面化した文化」において書き手は「作者」としての立場を付与され、またその作者が吐き出すものは「作品」としてその作者に何よりもそのオリジナリティが帰されるのである。私たちは音楽と楽譜との関係を考える上で、鳴り響く音が書かれることによって付与される、こうした決定的に新しい属性について十分に認識しておくべきだろう。

コラム3
音組織（音階）

谷 正人

　民族音楽学というものがかつて比較音楽学と呼ばれていた19世紀末から第二次世界大戦ころまでのあいだ、「非西洋」の音楽は主にその音響的な側面のみが採りだされて研究されることが多かった。それは比較の対象であった「西洋音楽」が、音楽を個人の作り上げた独立した音響作品として捉える傾向が一般的にあったことや、当時の科学技術の発達が、客観的にデータとして測定できる音程などのテーマへと自然と研究者たちを向かわせたことと関連している。たとえばイランでは音響物理学者のメヘディ・バルケシュリーMehdy Barkeshly（1912(13)～1987(88)）らが、イラン音楽の音程の測定・研究に取り組み、一定の成果を挙げていた。本書の読者にとっても、「民族音楽」というとすぐに音程や音階へと関心を寄せる向きはあるかもしれないが、より重要なのは、それらを音の運用規則と共に考える視点である。

　一般に音階というものを定義するならば、それは「使用される音を高さ順に機械的に並べたもの」となるだろう。一方旋法とは、単なる音高の並びではなく「構成音のあいだで何らかの緊密な相互関係がすでに存在する——結果として、すでに旋律的要素を含んでいるもの」といえよう。また音階にはしばしばオクターヴごとの周期性が前提されるのに対し、旋法には通常そのような周期性は想定されていない。つまりある音域に特定の音が含まれていても、それが1オクターヴ上や下でも使われているとは限らない。

　たとえば西アジアのマカームやダストガーハ、南アジアのラーガなどの旋法体系は単なる音階として存在するのではなく、旋律的要素（もしくは旋律型）をいくつか内包した形で存在している。そして各旋律型はそれぞれ比較的狭い音域内で固有の音階から構成されている。つまりひとつの旋法とは、様々な音域に分布するそのような旋律型群の音楽的特徴の集合体として表現されるのである。こうした点からすれば、便宜的にせよ旋法を単に1オクターヴの音階として想定するのは、まったく実態にそぐわないといえる。

　旋法や音階などの音組織の理解においては、オクターヴよりもむしろテトラコルドの概念のほうが重要である場合が多い（アラブ音楽ではテトラコルド以外にも3音列のトリコルド、5音列のペンタコルドも重要である）。テトラコルドとは4音列から成る完全4度の枠のことであり、音階や旋法といった音組織の構造を考える際には、オクターヴ単位ではなくこのテトラコルドに分解して考える——たとえば、2つのテトラコルドの連続配置（4度枠の端の音が共有されている）や隣接配置（一般的には長2度の間隔をとって2つの4度枠が配置）として考えてみるほうが音の動きの理解の上でも有効である場合が多い。

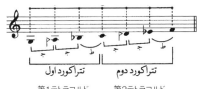

譜例C3-1　テトラコルド接続の例（ソを起点としたシュール旋法の場合）。ここでは、共に「中立音・中立音・全音」の音程で分割された「ソード」「ドーファ」の2つのテトラコルドの接続として説明されている（Fakhroldini 2013: 61）

　完全4度の枠の内部でどのように音が分割されているのかは文化によって異なる

が、興味深いのは、アラブ世界においては弦楽器ウードの指板上でこのテトラコルドの理論が練られてきたという点である。ウードは一般に（曲頸四弦）琵琶のルーツとされている楽器であるが、琵琶と異なって指板上のフレットが無く、奏者が自身で音程を精緻に決定してゆかねばならない。この楽器はアラブ世界において非常に高い地位をもつが、それはこの楽器を弾く際の指板上の手指のポジショニングが、そのままテトラコルドの理解に直結していることとも無関係ではない。

　ウードは原則4度間隔で調弦された各弦を、【開放弦→人差し指→中指または薬指→小指（または隣接する高音側の開放弦）】の順に押さえて4つの音からなるテトラコルドを作ってゆく。つまりここでは開放弦と小指（または隣接する高音側の開放弦）との間が完全4度の枠になるわけだが、その間の【人差し指】と【中指または薬指】によって押さえられる様々な勘所によって、種々のテトラコルドを作り出してゆくのである。このウード上での音階理論は、10世紀頃には哲学者・音楽理論家であったアル＝ファーラビー Al Fārābī（950頃没）によって種々の微小音程を含む形で理論化された。本項目では最後に、20世紀以降により簡素化された微分音理論を用いて、手から作り出されるテトラコルドのありようとそれに基づく音楽実践について、イランを事例として見てゆこう。

　イラン音楽には約12種類の旋法が存在するが、セタール奏者・音楽学者のダーリューシュ＝タラーイー Tala'ī Dāryūsh に

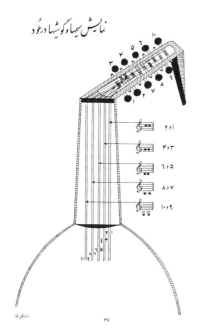

図C3-1　ウードの開放弦を示す図
　　　　（Nariman 2012: 37）

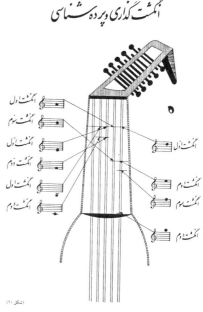

図C3-2　ウードの指板上の位置を指し示す図
　　　　（Nariman 2012: 40）

よれば、それらはつまるところ4種類のテトラコルド——完全4度内をおおよそ「4：3：3の音程関係で区切るシュール（例：ド〜レ〜ミ・コロン〜ファ）」「4：4：2で区切るマーフール（例：ド〜レ〜ミ〜ファ）」「3：5：2で区切るチャハールガー（例：ド〜レ・コロン〜ミ〜ファ）」「4：2：4で区切るダシティ（例：ド〜レ〜ミ・フラット〜ファ）」——の組み合わせによって形成されているという（Talaʾi 1993: 23）。

ここで登場するコロンとは、変化記号の一種で約4分の1音下げるという意味をもつ微分音だが、たとえばシュールでは、旋律がその核となる音「レ」へと落ち着く際に一時的に微分音「ミ・コロン」を経過する。そこでは、微分音のもつ微妙な「不安定」感が後にくる音への欲求を掻き立てるという、独特の引力（西洋音楽的にいえば導音的緊張か）が形成される。前述した「旋法内の旋律的要素」とは、このような「引力」を様々に内包した「典型的動き」「常套句」のことなのであり、それを内面化した奏者の感覚では、そのテトラコルドを含む手の構えをしただけでつい奏でてしまいそうになる「手癖」のようなものであるともいえる。別のケースでは、そうした微妙な「不安定」感を有するはずの微分音自体が旋律の核となり、それ自体が新たな終止感として鳴り響く別の磁場が存在する——結果としてまた別の異なった旋律的要素が生成されるのである。

つまりそこでは、主にテトラコルドごとに異なる身体的・音響的キャラクターを有した「手の構え」がひとつの単位となって音楽が理解および実践されている。となれば同様に、音階や旋法の説明に必ず登場する核音や終止音といったものは、機械的に示された音階中の1音としてではなく、こうした典型的フレーズや常套句・手癖のなかの一要素として理解されなければならないだろう。そうすれば、微分音の音高も実際には固定されておらず、旋法やフレーズに応じて微調整されるというありようも理解できるだろう。

さらには、こうした動きの単位としてのテトラコルドは、12種類の旋法に対して4種類しかないとされている通り旋法横断的に存在している。つまりあるテトラコルドは複数の旋法に共通して含まれるものであり、それゆえ別の旋法へと移る契機ともなりうる。イランのみならず中東やインド音楽の即興演奏が単一の旋法だけで完結するのではなく、如何に自然に他の旋法に移行できるかという点からも評価されるように、旋法をその構成要素であるテトラコルドから理解することは、具体的な音楽実践を理解するのにも不可欠な視点であるといえるだろう。

4
音・声・ことば
梶丸 岳
INTRODUCTION

　私がはじめて掛け合い歌を映像として見たのは、ビクターが出していた《天地楽舞》シリーズ西南編第15巻を国立民族学博物館で視聴したときである。1995年に中国の貴洲省で撮影されたそのビデオには、さまざまなシーンでプイ族の男女が歌を掛け合う姿が収められていた。これほど豊かに歌を掛け合う文化があるとは。私は期待に胸をふくらませて、2004年2月に貴州省へはじめて旅立った。

　そこで私はたしかにプイ族の掛け合いを見た。ただしそれは、ビデオとずいぶん異なる姿をしていた。最初に出会ったのは安順市龍宮鎮の「布依山歌試合」だったが、そこではざわざわしている聴衆を前に中年男女がのんびりした旋律を変化もなく延々と交わす光景が広がっていた。「なにこれ？」というのが最初の感想である。その後も山歌を追いかけてあちこちを巡ったが、どこもおおむね似たような歌であった。その場でカメラを回しているあいだは私も一生懸命であるし、それなりにおもしろいのだが、なにがおもしろいのかさっぱりわからない。山歌の研究がおもしろいと本当に感じだしたのは調査を重ね、歌の中身がわかってきた2008年頃だっただろうか。学会発表などで映像を見せるたびに、聞いてくださった方からややあっけにとられた感じで「これ、なにがおもしろいんでしょうか」といった質問をいただくのだが、この頃からは、こうした質問に自信をもって「地味なところです」と答えるようになった。あまり納得してもらえることはないが、実際地味さのなかに魅力を見つけてしまったのだからしかたがない。

　そうして山歌の研究を重ねていた2009年、ひょんなきっかけで秋田

写真4-1　新築祝いに来た客と山歌を交わす人々。「3. 山歌に響く歌声」参照。
梶丸撮影

の掛唄の存在を知り、さっそく調査をすることにした。そこで見た掛け合い歌は山歌とずいぶん様子が異なっていた。まず、掛け合いのペースが非常に速い。山歌は一方が歌っている時間が漢歌でも数分、プイ歌だと20分以上あって非常にゆっくりと掛け合いが進むのだが、掛唄は1分ぐらいで一方の歌が終わり、もう一方が歌いはじめる。歌詞は平易で、しかも日本語なのでわかりやすい（それでもちょっと慣れないと聞き取りづらいのだが）。現代の世間的感覚から見ると地味で人気があるとはとてもいえない芸能なのだが、山歌に比べてある意味ずいぶんと「派手」でなじみやすいのが新鮮だった。そしてなにより、歌い手も歌の場を運営する保存会の人びとも楽しそうだった。

　掛け合い歌を研究していると、「そもそもなぜこの人たちはわざわざ歌っているのか」と思うことがあるが、それはおそらく単純に楽しいからではないだろうか。ことばを声にするのは楽しい。いつもと違うかたちで出すのはなお楽しい。それを聞くのも楽しい。そういうことなのかもしれない。掛け合い歌を歌わない（というより技術的に難しくて歌えない）私がこれについて追いかけているのもたぶん、基本的に掛け合い歌が歌われる場にいて歌を聞くのが楽しいからなのだ。

I. 音としての声、音をこえる声

　音はすべて基本的に空気の振動である。雷が炸裂させる轟音だろうが、弓に引っかかれた弦の震えの共鳴音だろうが、そよ風のささやきだろうが、物理現象としては等しく音である。当然、声も音である。イザベル・ペレツ Isabelle Peretz とマックス・コルサート Max Coltheart によって提唱された音楽処理のモジュールモデル（Peretz; Coltheart 2003）によると、脳内における発話と歌唱それぞれの処理は互いに絡み合いつつも異なった過程をたどっていると考えられている（ウェルチ 2012、ミズン 2006: 93-96）。とはいえ生理現象としては、叫び声も話し声も歌声もおおむね同じ過程をたどる。肺を急速に収縮させて空気を押し出し、気管、声帯、口腔、鼻腔を絶妙に調整することで一定の秩序のある振動として認識される音を発生させる。その振動は相手の身体を震わせ、鼓膜を振るわせ、その刺激が電気信号となって神経をたどり、脳に伝わる。声は相手の身体を震わせて振動を伝える点でいかなる音とも変わらない。

　声は人間がただ身体のみによって出すことのできる音のなかでもっとも多彩な表現力をもっており、「声と歌は、音楽文化の中心にある」（高橋 2007: 72）。オペラ歌手は澄んだ歌声を響かせる一方、デスメタルバンドのボーカリストはだみ声というのもばばかられるほどつぶれた声で絶叫する。トゥヴァやモンゴルなど中央アジアの諸民族の歌い手はだみ声を重視した歌い方をし、さらに口腔内で倍音を強調することによって1人で和声を生みだす喉歌（ホーミーなどと呼ばれる）を歌うことで知られている（等々力 1999）。同じ「喉歌」でもイヌイットや樺太アイヌには、互いに口を寄せ合って、相手の喉に息を吹き込みそれで声帯を震わせ声を返す遊びが見られる（谷本 2000）。さらにビートボクシングにいたってはマイクの音響効果まで駆使して、電子音を含むさまざまな楽器音を声で再現する。人の声質の多彩さと表現力は、単独の楽器が出せるヴァリエーションをはるかに凌駕しているように思える。

　こうした声は身体から発するため個々人でそれぞれ異なっており、なによ

りもその人の固有性を示すしるしであると同時に、「後天的に、文化的に、社会的に獲得された身体技法」によって形づくられるものでもある（増野 2014: 13）。そして、口から発されたその振動は相手に伝わり、相手を震わせ、相手に触れ、ぶつかったり包み込んだりする（竹内 2007）。声は個人的なものであるとともに、人と人のあいだにコミュニケーションを生みだし、社会を作り出すものでもあるのだ。声は身体的であるとともに社会的な存在であり、声を人類学や民族音楽学から考えるうえで、身体性と社会性を切り離すことはできない（Weidman 2014）。さらに、欧米の文脈では「声」がエイジェンシーや主体性、表象や権力といったものを隠喩的に表す修辞的な意味も担わされてきた。「声」がどう捉えられているかは民族音楽学においても重要なテーマとなっている。なかでもボルネオ島に住むプナンのように「うたうこと」と「排泄すること」がどちらも「出す」という点で同じであると考えられていて、さらにそれがカミと結びついている（卜田 1996）といった事例は、「声」の捉えかたがどれほど多様でありうるかを示す好例となっている。

2. ことばとしての声

多くの場合、声はたんなる音ではなく、ことばでもある。もちろん多くの霊長類が行なうように、抑揚や声質などといったひと連なりの声が「全体的」（ミズン 2006）になにかを伝えることはある。だがそこからさらに進んで、聞き手によって音素として識別され、語彙として、そして文（あるいは文節）として識別されることで、声は「全体的」な状態から脱して「ことば」となる。前節で述べた声の多面性がうまれる要因には、こうした声の独特の使われ方もあると考えられる。ふつうの話しことばの音やその捉え方は社会や文化によって非常に多様である。たとえば文化人類学者の木村大治は、ザイールに住むボンガンドの人びとの話し声や話し方と、カメルーンに暮らすバカ・ピグミーの人びととのそれを精緻に分析することで、日本人のそれとはかなり違うように思われる彼らの話し方のスタイルを明らかにしている（木村 2003）。

ふつうの話し声以外にもことばとして捉えられる声にはさまざまある。その代表が歌である。儀礼における独特の節がついた唱えごとや、抑揚のついた語り物は、話しことばと歌のあいだにあると位置づけることができる。
　民族音楽学において、歌は古くから関心を持たれてきた。1930年代にジョージ・ハーツォグGeorge Herzog（1901-1983）はアメリカ先住民の歌の旋律と声調について分析しているし（Herzog 1934）、計量音楽学を提唱したアラン・ローマックスAlan Lomax（1915-2002）はアメリカの民謡を膨大に収集するとともに、世界中の歌にも深い関心を寄せていた（コーエン 2007）。アラン・P. メリアムAlan P. Merriam（1923-1980）も『音楽人類学』で1章を割いて歌の歌詞を民族音楽学の観点から分析している（メリアム 1980）。とりわけ葬送儀礼に伴い深い悲しみを表現するものとして歌われる「ラメント」（泣き歌）は世界各地でみられ、数多くの研究が積み重ねられている（Feld; Fox 1994）。
　フェルドとアーロン・A.フォックスAaron A. Fox（Feld; Fox 1994）は民族音楽学における音楽と言語の関係についての研究を包括的にレビューしているが、そのなかで「言語における音楽」として言語の韻律的特徴の研究を、「音楽における言語」として歌の歌詞や歌から語りにまたがるさまざまなジャンルの意味づけの研究を取りあげている。また歌や語りのジャンルがジェンダーや年齢など社会の諸側面と結び付けられていることも指摘している（Feld; Fox 1994: 31）。
　ジョージ・リストGeorge List（1911-2008）は歌と話しことばの違いについて、両者の区分が民族によって異なることを示したうえで、こうしたことばを含んだ声の多様性を「話しことば―歌」と「抑揚をおおげさにする―抑揚をなくす」という2つの軸によって4象限に分けられる図によって捉えようとした（List 1963）（図4-1）。リスト自身が指摘するように（List 1963: 12-13）、この図式にうまく収まらないのが中国語やタイ語のような声調言語である。声調言語とは音の高低やイントネーションによって語の意味が弁別される言語である。日本語でも「橋」と「箸」と「端」がイントネーションで区別されているが、こうした違いがほとんどあらゆる単語にみられる言語、と考えるとわかりやすいかもしれない。こうした言語で歌われたものを扱う

うえで、しばしば音楽の旋律と声調、すなわちことばに固有のイントネーション（＝ことばに固有の旋律）がどのような関係にあるかが問題となる。なぜなら声調言語では、声調が崩されると、とたんにことばが聞き取れなくなってしまうからである。声調と旋律の関係については言語学者や民族音楽学者がさまざまな事例で検討を重ねているが（Schellenberg 2009, Sollis 2010)、そこから多くの事例で声調と旋律がおおまかに一致する傾向があることがわかっている。

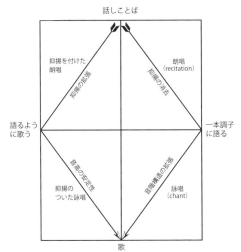

図4-1　List（1963：9）図9より一部改編

こうした声とことばのつながりをふまえながら、次節では中国貴州省の掛け合い歌（梶丸 2013）を事例に、ことば・音・声の関係について考えていこう。

3. 山歌に響く歌声

　中国貴州省には「山歌」と呼ばれる掛け合い歌がある。掛け合い歌（歌掛けともいう）はかつて照葉樹林文化論などで「男女の性の解放」や「豊穣の予祝儀礼」として取りあげられ、また古事記や万葉集などに記述が残る日本古代の「歌垣」と結び付けて論じられていたが、山歌はむしろ娯楽として歌われている側面が強い（梶丸 2014a）。この歌はもともと男女の恋愛や結婚、家の新築祝いなどの場で歌われていたとされる。1960年代から1970年代にかけての文化大革命中は「封建主義的な陋習である」として弾圧されたものの、1980年代以降は改革開放政策にともなって中国政府による少数民族文化政策が変化し、2000年代には民族文化復興の気運が高まるとともに、子どもの満１ヶ月祝いや結婚式などの祝い事で歌われたり（**写真4-1**）、ステージで

写真4-2　ステージで歌われる山歌。梶丸撮影

歌われるようになっている（写真4-2）。多くの場合掛け合いは男女それぞれが複数人の組を作って行なわれるが、場合によっては同性同士の組で掛け合いが行なわれることもある。歌い手の多くは30代〜50代の中年であるが、少数ながら20代の歌い手も見られる。

　山歌はプイ族や漢族などが中国語貴州方言で歌う「漢歌」と、プイ族がプイ語で歌う「プイ歌」に分けられる。どちらも歌い手にはもちろん声質の良さなど「音としての声」を扱う技量も求められるが、それより重視されるのが歌詞、つまり「ことばとしての声」の巧みさである。歌い手には膨大な定型の文句を記憶し、それを掛け合いのなかでその場にあった形で出していく技術が求められる。聞き手たちも当意即妙の歌詞をおもに楽しんでいる。山歌は音楽性よりも言語表現のほうがはるかに重視される歌なのである。

　山歌で使用される言語である中国語やプイ語は声調言語である。これほどまでに歌詞が重視される歌ならば声調と旋律は一致して当然であるように思われるかもしれないが、実際はそう単純ではない。漢歌の歌詞は7音節を1行とし4行でひとまとまりとなっており、押韻規則も存在する韻律詩になっていて、旋律のどこに音節を入れるかもほぼ決まっている。さらに旋律の真ん中や最後の決まった位置にしばしば意味のない音節が置かれている。このように定型がはっきりしているためか、漢歌では声調と旋律が偶然程度にしか一致しない。一方プイ歌はおおむね七五調である程度は韻も踏まれるものの、定型性は比較的低い。そのためかある程度声調と旋律が一致する傾向がある。だがそれも程度問題であり、いつも両者が合致するわけではない。山歌は基本的に各地域で固有の歌い方があり、こうした声調と旋律の不一致や定型のありかたの問題があるため、地元の山歌の愛好家も聞き慣れない旋

律・歌い方の山歌は聞き取れない。そして歌詞が聞き取れない他地域の歌にはほとんど見向きもしない。

　歌詞の聞き取れない山歌を「つまらない」と思うのも無理はない。「男女の歌の掛け合い」と聞くとなにかロマンチックで楽しそうな歌を想像するかも知れないが、実際の山歌の歌声はかなり地味で退屈である。山歌の掛け合いは10分ほどのこともあれば数時間におよぶこともしばしばあるが、旋律は基本的に同じなので、歌詞が聞き取れなければ単調な歌が延々続いているようにしか聞こえない。こうした歌を楽しむためには、それを受け入れるだけの準備、「声の身構え」（澤田 1996、青木 2013）が必要になる。よくある歌詞を覚え、歌い方＝歌詞の聞き取り方を覚え、旋律の流れを身体に染みこませる。すると、歌のなかに歌で言葉を交わす若い男女の姿が立ち現われ、歌の姿がおおきく変わる（梶丸 2015）。山歌の歌声は一見単調で退屈だが、それに共鳴できる人びとを歌の世界へと誘う力（川田 1988: 249）を持っているのだ。

4. 掛唄に響くことば

　掛け合い歌は日本にもある。沖縄と鹿児島にはさまれ独特の歌文化が根づいている奄美地方のものは以前から知られており、音楽民族誌がいくつも書かれているが（小川 1989、酒井 1996、中原 1997）、本州でもかつては即興で歌詞をつけて歌う芸能が各所にあったという。ただ現在そのほとんどは廃れてしまっているか、即興で歌詞をつけることがなくなり決まった歌詞を歌うだけになっている。そうしたなか即興での掛け合いが今でも行なわれているのが、秋田県で歌われている「掛唄」である（梶丸 2014b）（**写真4-3**）。

　掛唄はかつて秋田県の仙北地方で広く歌われていたとされるが、現在でも歌の掛け合いの大会として続いているのが美郷町の熊野神社で8月に開かれる「全県かけ唄大会」（安倍他 2003）と、隣接する横手市の金澤八幡宮で9月に開かれる「金澤八幡宮伝統掛唄大会」（加藤 2007）である。現在は歌い手の多くが60代以上の男性であるが、女性や若い歌い手もわずかながらいる。また、金澤八幡宮伝統掛唄保存会では2003年から地元の子どもたちに掛

写真4-3　金澤八幡宮伝統掛唄大会の様子。梶丸撮影

唄を教えていて、そこで歌を練習した子どもたちが金澤八幡宮伝統掛唄大会の「ジュニアの部」に参加しており、さらに2009年からは他県の大学のゼミ学生たちも「大学生の部」に参加している（なおこの大会のメインとなる旧来からの部門は「一般の部」と呼ばれている）。

　掛唄は仙北荷方節という民謡のフシを流用し、そこにおおむね七七七五の歌詞をつけて掛け合う。金澤八幡宮伝統掛唄大会のジュニアの部と大学生の部は用意し練習してきた掛け合いが披露されるが、一般の部および「全県かけ唄大会」では舞台の上でほぼ完全に即興で歌詞をつくった掛け合いが行なわれている。完全に即興で七七七五の歌詞を思いつくのは難しく、多くの場合多少字余りになるが、旋律が音節数に対してかなり長いため、慣れた歌い手であればこうしたイレギュラーを旋律にうまく合わせることができる。歌い手たちはともかく一定の型に歌詞を入れて歌うことで、掛け合いを続けているのである。

　歌詞を即興で作るというのは知的で難しい芸当である。歌詞が凝ったものになればなるほど、また歌い方が高度になればなるほど即興で作詞するのが難しい。また、歌の音楽的表現を重視すればそれだけ歌詞を即興で作る余裕がなくなりがちである（中原1989）。

　掛唄の場合、旋律は仙北荷方節が基本であるものの、個々に歌いやすい高さや節回しに調節し、歌い手それぞれに合った歌い方で歌われる。歌詞もほとんどは日常的な言葉遣いと変わらない。たとえば次の掛け合いは「前年に出た面白い歌詞」として全県かけ唄大会の2011年記念手ぬぐいに書かれたものである。

　　Ａ：風のうわさで　ちらっと聞いたが　あなたにめかけが　できたとか
　　Ｂ：風のたよりは　あてにはならぬ　めかけ持つような　柄じゃない

山歌も掛唄も、旋律は基本的に歌詞を入れる器のようなものである。もちろん器がよいに越したことはないが、大事なのは中身だ。カラオケが普及した現代において、私たちは歌を旋律と歌詞が不可分に結びつき一体となったもの、歌詞は暗記して原曲通りに歌うものであると思い込みがちであるが、実はそうした歌のありかたはごく最近のものに過ぎないのではないかと思われる。もちろんなかには儀礼的に重要な意味を担わされ、一言一句間違えることがゆるされない歌謡もあるが、娯楽のために歌われる多くの歌において、歌詞はその場で適当に変えてもよいものだったのではないか。ほんの数十年前まで、替え歌は普通にあった。掛唄に響く言葉はそうした、言語的創造性を支え刺激する型としての歌の姿を今に伝えているように思われる。

5. 響く記号としての音・声・ことば

　声はすべて音である。それがことばであろうとなかろうと、身体から発した音であることに変わりはない。本章で紹介した掛け合い歌はいずれもことばに重きが置かれた歌だったが、それでも声が山歌では歌の世界を立ち現わせ、掛唄では創造性の基盤としての型となっていた。本章では詳しく触れなかったが、そうした声がまた、同時に社会と結びついていることは改めて言うまでもない。

　近年チャールズ・S.パースCharles S. Peirce（1839-1914）の記号論を基礎として、声によって結びつけられた音とことばを全体的な記号の領野の部分と見なす、つまり音楽とことばの総体をひとまとまりの連続体として把握し、さらにそれがどのように時空間や社会的実践に埋め込まれているのかを記号論の枠組みから見ようとする記号論的アプローチが進められている（Faudree 2012）。これは音楽における記号性、音楽ジャンルや作品間の間テクスト性を追求する音楽記号学（徳丸 1996, 2008：4章）がさらに発展したものと考えられる。

　声はその場にいる複数の身体を包み込み震わせるのみならず、その声が背負う歴史や状況、その声を発した者の存在を開示するという独特のドラマツルギーをもつ（Ihde 2007: 171）。声のもつ多面性と力の全体を捉える方策として、今後こうした新たな展開が模索され続けることになるだろう。

伝承と政策

5 伝統芸能の伝承——個人にとっての芸の伝承

小塩さとみ

INTRODUCTION

　大学1年生の4月、新しい楽器を習ってみたいと思っていた私は、「三味線が習えるサークルがあるから一緒に行こう」と友人に誘われて長唄研究会の練習を見学した。「長唄」が何かも知らず、三味線を間近で見るのもはじめてだったが、思っていたより簡単に「さくらさくら」が弾け、三味線の先生にも「あなた筋がいいわよ」と言われて気をよくして入部を決めた（実は見学者に先生がよく使うフレーズだったのだが）。

　しかし、実際に習い始めてみると驚きと戸惑いの連続だった。三味線の楽譜は見慣れた五線譜ではなく数字の楽譜だ。数字で示された音を出すために、三味線の3本の糸のうちどれを弾くのか、棹（ネック）のどの場所を左手のどの指で押さえるのか（あるいはどこも押さえないのか）を覚えなくてはいけない。最初に習った曲は知っている曲だったが、長唄の曲は、楽譜に記された音をひとつひとつ三味線で弾いてみても、フレーズ感がよくわからない不思議な音楽だった。しかも三味線の先生に「楽譜にはそう書いてあるけれど、そこは直して」と言われることもあった。ピアノを習っていた時には、楽譜に書いてある通りに弾かずに怒られたことはあっても、楽譜を直すことはなかったので驚いた。楽譜には数字だけでなく、その横に「チン」とか「トン」などのカナが記されている（写真5-1）。これは口三味線と呼ばれるもので、口三味線をうたって旋律を覚えると弾く糸が区別できて便利だと言われたが、最初のうちは抵抗があった。

　さらに「長唄」には歌のパートもあり、「歌がわからないと三味線も上手にならないから」と言われ、歌も習うことになった。邦楽の声で自

分がうたうなんて想像もできなかった。歌は先生が最初にお手本を一度うたってくれて、2回目からは先生と一緒に自分もうたうのだが、どんな声を出してよいのかわからない。先生がうたう歌は楽譜に書いてある数字とはかなり違っていて、しかも複雑なのでなかなか覚えられない。何度か一緒に繰り返した後、「今度は一人で」と言われるが、一人だと不安で上手にうたえない。

それでも手探り状態で何ヶ月か稽古を続けると、少しず

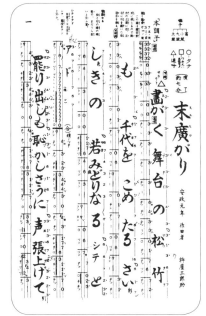

写真5-1　杵屋彌之介・青柳繁三（編）『唄譜三絃譜付研究稽古本（第一編）長唄　松の緑・末広狩』、発行所：(有)藤和出版部

つ音楽にもなじみ、三味線も歌もだんだんに覚えるのが早くなった。最初は曲を聴いても外国語のようにチンプンカンプンだったが、三味線の旋律が口三味線で聞こえるようになった頃から、フレーズ感が理解でき、曲の進行もわかるようになった。抵抗のあった邦楽のうたい方もいつの間にか楽しいと感じるようになり、先生のうたい方を必死で真似るようになった。楽譜に書けない微妙な間や音色の変化が大事だということも少しずつわかってきた。さらに他大学の長唄研究会と合同演奏をする機会があり、同じ曲でも流派によって三味線も歌も細かい部分に違いがあるのだということを知った。

長唄との出会いは、私にとって、それまで知らなかった新しい音楽観との出会いであり、奥深い日本の伝統音楽の世界の入り口でもあった。

I. 伝承＝音楽や芸能を受け継ぎ伝える

　「伝承」という語は、「受け継いで伝えて行くこと」（大辞林第3版）と説明される。わたしたちの身の回りには音楽が満ちあふれ、CDやDVD、スマートフォンやパソコンなどを介して、いつでもどこでも自由に音楽を聞くことができる。しかも同じ演奏を何度でも繰り返し聞くことができるのである。しかし、録音技術が生まれる以前は、音楽は、誰かが演奏する時にその場に立ち会わなければ聞くことはできなかった。音楽は常に人の身体を通して生まれ、時間とともに消え去るものであった。そして音楽が長く生き続けるためには、他の誰かがその曲を覚えて演奏できるようになる必要があった。これは音楽だけでなく、演劇や舞踊なども含めた芸能全般に共通することである。

　音楽や芸能には人と人をつなぐ働きがある。校内合唱コンクールでクラスがひとつにまとまったり、ライブハウスで会場が一体となって盛り上がったり、東日本大震災の後に地理的には離れた人々が同じ歌を一緒にうたうことで連帯を感じたりしたのは、この働きによるものである。これらのつながりが水平方向であるのに対して、「伝承」という行為は、垂直方向のつながり、つまり世代を越え、時代を超えて人と人をつなぐ。音楽や芸能を介して、師匠と弟子の間に、あるいは、すでにこの世にはいない先人達と自分との間に、さらには将来その音楽や芸能を受け継ぐ人との間に、つながりが生まれるのである。

　本章では、主として日本の伝統音楽や伝統芸能を取り上げながら、伝承について考える。

　日本には、雅楽、能・狂言、歌舞伎、文楽（人形浄瑠璃）、箏曲、尺八楽や三味線音楽、地域で伝承されてきた民俗芸能、民謡など、古くから伝えられてきた音楽や芸能が数多くある。「古くから伝えられてきた」とはいえ、その伝承過程ではさまざまな変化が伴う。「伝統」という語は、欧米諸語では過去を想起させるのに対して、日本語をはじめとする東アジアの言語では、過去と未来の両方を指し示すと徳丸吉彦は指摘する（TOKUMARU

1991)。「伝統の保存継承」とは、過去の形を変化させずにただ維持することではない。先人たちの美意識を理解しそれを身につけた上で自分自身の芸術活動を行なうことであり、「伝統の将来」とか「伝統の発展」を論じることもできるのである。以下に、伝承において受け継がれるものとは何か、伝承を確かなものとするためにどのような仕組みが存在するのか、そして現在の伝統を巡る状況はどのように変化しているのかをみていこう。

2. 稽古の方法──芸の受け継ぎ方

　芸を伝承するためには稽古が欠かせない。「稽古」という語は、「古（いにしえ）を稽（かんが）える」とも読むことができ、稽古を通して先人が培った芸を身につけることを意味する。稽古のやり方は、時代によって、ジャンルによって、また教授者によって異なるが、まずはいくつかの例を芸談からみてみよう。

　狂言師の家に生まれた野村萬斎は、4才ではじめてせりふのある役を演じた時に父親の野村万作から受けた稽古について、次のように述べている（野村 1999）。師匠が言うせりふを「同じ抑揚、同じ声の大きさ、同じエネルギー、同じ気合いで繰り返し」、「それを3回。せりふはその3回で覚えます。ストーリーの説明などもありません」。せりふや謡（能や狂言における歌）を覚えると、次に動きや舞を教わるが、それもひとつひとつ師匠の動きを真似して覚えていったという。師匠から一対一で教えられ、師匠の型をコピーして身につける「口伝」は、「理論や理屈を伝授するものではなく」、「イメージを受け取るということ」だと野村は説明する。体型は親子であっても異なるので、師匠のやり方を外見だけ見てそのままコピーするわけにはいかないのだという。「気」や「エネルギー」など身体の内部に起こる瞬発的な力のようなものまで含めて伝授するためには、口移しで教えることが必要なのだと野村は述べている。

　地歌箏曲の演奏家、初代富山清琴（1913-2008）の芸談からは、体でまるごと芸を受け継ぐ修行の様子が伝わってくる（田中他 2012）。初代清琴は1才で失明し、数え年の6才（満4才）の年に専門家となるべく富永敬琴

（1872-1929）のもとに入門した。体が小さいことを心配した母親に、敬琴は「毎日あそびによこすように」と言ったという。通い出して2年ほど経つと、稽古は朝の8時から午後4時までとなった。師匠の敬琴は家の1階で素人弟子の稽古をし、専門家を目指す弟子たちは2階の6畳ほどの部屋で各自が自分の練習をする。師匠は階下でそれを聞いていて、間違えると怒鳴り声が飛んで来る。一対一での稽古も厳しく、小さい頃は泣いて帰ることも多かった。

初代清琴によれば「一番おそろしかったのはおさらい」であった。これは素人弟子のための発表会であるが、番外として専門の弟子も演奏を行なう。師匠は当日まで何の曲を弾くのか教えてくれないので、日頃から、習った曲をしっかり練習しておかないと人前で恥をかくことになる。清琴は10才の時にはすでに100曲近い曲を習っていた。それらを一通り練習するだけでも大変な時間がかかる。嫌いな曲を練習しないでいると、階下の師匠はそれを察して、わざとその曲をおさらいで弾かせたりもしたという。おさらいは年に20回近くあり、「なんともいやな試験」であったと清琴は語っている。この芸談からは、専門家を目指す弟子だけでなく、素人弟子もほぼ毎日稽古に通い、頻繁に人前で発表する機会があったことが読み取れる。「繰り返し練習すること」と「人前での発表」が芸を上達させるのは、伝統芸能に限らずどの分野にも共通することではあるが、それが日々の稽古やおさらいという伝承制度の中に組み込まれているのである。

清琴は、師匠の富永敬琴が亡くなった後、生地の大阪から東京に移住し、富崎春昇（1880-1958）に入門する。清琴によれば、敬琴は「自分の師匠の教えたままをそのまま大事に伝えていくやり方」で、春昇は「師匠から教わったものを自分なりにいろいろ工夫」するという違いがあり、春昇からは、すでに敬琴から習った曲についても、ひとつひとつの音の出し方や、テンポの変化の付け方まで、細かい部分を執拗に直されたという。春昇の稽古は「日曜と水曜を除いて週に5回、毎日11、2分ずつ」の短いものであったが、1ヶ月に20日以上の稽古があるため、着実に進歩があったという。

稽古の基本は毎日こつこつと繰り返すことである。師匠は覚えるべきポイントをわかりやすく丁寧に教えてはくれないので、とにかく師匠を真似してひたすらそれを覚えていくのである。

3. 伝承を助ける道具——口唱歌

　師匠のやり方をまるごとそのまま真似るためには、何を真似るべきかを意識化する必要がある。日本の伝統音楽の場合、基本的な音の高さやリズムなどを覚えるだけでなく、音色の変化やテンポの揺れ、間合いの取り方など、言葉では説明しづらい微妙な差異を認識することが大切である。そのために、楽器を習う時にさまざまなジャンルで用いられるのが口唱歌である（日本の伝統音楽で使われる口唱歌の多様性については横道；蒲生 1978を参照）。口唱歌とは、楽器で奏する旋律やリズムを決められたシラブルで歌うことをさす。よく知られた例としては、三味線の「チントンシャン」や、太鼓の「ドンドンカッカ」などがある。これらは楽器の音を表す擬音語とも考えられるが、その楽器を演奏する者にとっては、多くの情報が含まれている。三味線の場合、チンは高音弦を左手の指で押さえて弾く音であり、トンは低音弦の開放弦の音を、シャンは2本の弦を同時に弾くことを示す。太鼓の場合、ドンは皮の部分を、カッは胴の縁の部分を桴で叩くことを示す。口唱歌で楽器の奏法の違いと音色とを表しているのである。

　箏曲《六段の調》の冒頭の3音は、口唱歌を文字に記すと「テントンシャン」となるが、実際には最初の音は「テーエーエン」と引き伸ばされ、母音を強調する度に音程を変化させてうたわれる。この部分では、弦を右手の親指にはめた箏爪で弾いた後に、左手でその弦をねじり上げて音程と音色を微妙に変化させるヒキイロと呼ばれる技法が使われる。口唱歌はその音の変化を声で模倣しているのである。どのタイミングでヒキイロの技法を使い、音程をどのくらい変化させるのかを師匠のうたう口唱歌を真似ることで覚え、楽器を弾くときには、覚えた歌と同じような音響を作り出すことを目指す。口唱歌をどのように教えるかは、ジャンルによって異なる。雅楽では、新しい曲を習う時には、楽器を弾く前に、右手で膝を叩いて拍子をとりながら、師匠と一緒に口唱歌をうたって覚え、その後に楽器を手にする。一方、箏曲や、地歌、長唄などの三味線音楽では、事前に口唱歌だけをうたって覚えることは稀で、むしろ弟子が箏や三味線を弾いている時に、その旋律と一緒に

写真5-2　囃子の稽古の様子（望月越子師）。小塩撮影

師匠が口唱歌をうたったり、口頭で注意する時に口唱歌を使って説明したりする。長唄囃子（小鼓や大鼓）の稽古では、師匠も弟子も口唱歌をいいながら、師匠は張り扇でリズムを示し、弟子はそれを見ながら楽器を打つことで、出すべき音を覚えていく（**写真5-2**）。祭囃子で演奏される太鼓や鉦、笛なども、口唱歌を使って伝承していることが多い。

　口唱歌は、それを文字にして書き記すこともできる。現在は伝統音楽全般に楽譜を使った稽古が一般的となってきているが、尺八のように文字に記された口唱歌が楽譜として使われているジャンルもあるし、箏や三味線のように数字の楽譜に口唱歌が書き添えられている場合もある。

　口唱歌を使って楽器の旋律やリズムを覚えるやり方は、世界の各地で見られる（Hughes 2000）。韓国では口唱歌は口音（クウム）と呼ばれ、弦楽器のカヤグムや管楽器のピリなどでも使われる（植村 1998）。とくに打楽器のリズムを口唱歌で言い表す例は多く、インドの太鼓（増野 2014：136-139）をはじめとするアジア各地の太鼓（山本 2002）、アフリカの太鼓（塚田 2014）などについての研究がある。

4. 伝承を支える社会的制度

　音楽が確実に伝承されるためには、社会的制度の整備が必要である。たとえば、第二次世界大戦後に日本でオルガンやピアノが普及した背景には、楽器販売店が経営する音楽教室の制度が影響を与えている。また日本での吹奏楽人口の増加は、学校のクラブ活動やコンクールと密接な関係にある（田中 1998）。日本の伝統音楽の場合には家元制度が音楽の普及や伝承に大きな役割を果たしてきた。

　家元制度は、音楽の伝承組織を家族になぞらえたもので、組織の長である

家元は、家の財産として先代から受け継いだ音楽を伝承する責任者の役割をもつ。日本の伝統音楽は、多くのジャンルに分かれ、ひとつのジャンル内に複数の流派が存在する。流派内がさらに会派にわかれている場合もある。家元は、このような流派あるいは会派組織の頂点に立つ。入門した弟子は相応の学習経験を積み、ある程度の演奏技術を獲得すると、家元から芸名が与えられ、組織の正式な構成員となる。ジャンルによって名取制度の詳細は異なるが、たとえば長唄という三味線音楽の場合、名取になると家元と同じ芸姓（杵屋、今藤、吉住など）を与えられ、芸名には家元や自分の師匠の芸名から一字をもらうことが多い。長唄の場合には、プロの演奏家だけでなく、稽古事として長唄を習っている人でも芸名をもつ人は少なくない。また、過去の演奏家と同じ芸名を名乗ることもある。これは襲名と呼ばれ、歌舞伎役者などにも例が見られるが、名前を引き継ぐことで先代の芸の継承者であることを世間に示すとともに、本人にもその自覚を促す機能がある。とくに、家元名は代々同じ名前を継承する場合が多い。

　家元制度は、封建的な制度として批判されることも多いが、芸の伝承という観点から見た場合には、他の流派との違いを明確にすることで、自分の流派の芸の特徴を構成員が共有できる仕組みとなっている。同じ曲であっても、流派によって、細部の弾き方が違ったり、テンポの変化のさせ方が異なったりする箇所に注目して、これが「うちのやり方だ」という言い方で自分達の流派の独自性を認識するのである。また自分の流派にのみ伝わる曲や、自分の流派の作曲家が作った曲は、流派の重要なレパートリーとして大切にされる。家元が主催する流派の演奏会や、各流派が合同で開催する演奏会では、名取は流派の紋の入った着物や揃いの帯を身につけて演奏することが多い。音楽を伝承することは、個人の活動であると同時に、流派という組織の一員としての活動でもある。

　地域において伝承されている民俗芸能の場合にも、芸能への参加はその地域社会の制度と密接な関係がある。住居地区やその地区での居住歴、青年会等の自治組織への参加などが条件となっていることが多く、子供が演じる芸能の場合には、かつては長男あるいは長女にのみ参加資格が与えられることもあった。芸能の演じ手として参加しない者も、祭礼の準備にかかわった

り、祝儀という形で経済的な援助を行なったりする義務があり、芸能の伝承は地域ぐるみで行なわれてきた。芸を身につけるのは個人であるが、その伝承を支えるのは、流派や地域社会における伝承制度なのである。

5. 新しい伝承方法の模索

　日本の伝統芸能は、これまで見てきたように、長い時間をかけて師匠の芸を自分の体で受け取りながら覚えるものであった。しかしながら、生活様式の変化や、流行する音楽文化の移り変わりなどが原因で、現代の社会では、稽古の方法も変化してきている。かつては毎日のように師匠のもとに通っていた稽古も、現在では週に1回程度のことが多く、それを補うために楽譜や録音、さらに最近では動画等の助けを借りて曲を覚えることが多くなってきている。1回あるいは数回で完結する体験ワークショップや、学習期間を区切ったカルチャーセンター等での教授が増えているのは、伝統的な芸能に接する機会が以前に比べて少なくなり、永続的な師弟関係を結ぶことに抵抗をもつ人が増えていることがおそらく関係している。学校教育においても、音楽科や総合的学習の時間を利用して、日本の伝統音楽を教える動きが広がっている。

　民俗芸能の場合には、地域の過疎化や少子化、住民の高年齢化の影響もあり、後継者不足の問題は深刻である（星野 2009、星野 2012）。近年は、学校と協力して、総合的学習の時間や課外活動で民俗芸能を子ども達に教える活動が、多くの地域で行なわれている。また、本来はその地域に居住する男性によってのみ演じられていた芸能を、女性や地域外に住む人が演じるようになった例も多い。

　2011年の東日本大震災では、地震と津波、そして原発事故によって、それまで居住していた地域に住めなくなった人が多数生まれた。津波で楽器や衣装が流失した上に、住民の避難先もそれぞれ異なり、芸能を演じる基盤が消失してしまったのである。東北地方で伝承されてきた民俗芸能の多くが、震災をきっかけに途絶えてしまうのではないかと危惧されている。とくに福島県では、震災前に活動していた147団体のうち、震災から3年が経過した

2014年3月現在、芸能活動を何らかの形で再開したのは約30団体という状況である（懸田 2014）。福島県は2012年から「ふるさとの祭り」というイベントを開催することで、かつての居住地では上演できなくなった芸能に演じる場を提供し、芸能の伝承を支えようと試みている（**写真5-3**）。

1994年に日本とベトナムの音楽学者が中心となって実施したベトナム雅楽復興プロジェクトの場合には、大学に雅楽コースを設置し、教授の新しい場を作ることで伝承をてこ入れした（徳丸 1996：147-149）。ベトナムの雅楽は、古都フエで伝承されてきた宮廷音楽だが、戦争や社会主義体制の下で演奏の機会が失われ、プロジェクト開始時にはフエの人でも宮廷音楽について知っている人はほとんどいなかった。しかし、その後若い世代の演奏家の育成に成功し、2008年にはユネスコの無形文化遺産に指定され、フエの代表的な古典音楽として多くの人に愛好されるようになった。

他にも、日本で、世界各地で、伝承を支えるための多くの試みが行なわれている。伝統芸能は、長い歴史の中で、多くの演奏家の身体を介し、それぞれの人の美意識によって磨かれながら現在まで伝えられてきたものである。わたしたちの世代でその遺産を途絶えさせることがないよう社会全体が伝承を支えていく必要がある。

写真5-3　「ふるさとの祭り2015in南相馬」で演じられた福島県大熊町の熊川稚児鹿舞。小塩撮影

コラム4
楽譜・採譜・分析

小塩さとみ

「楽譜」と聞くとすぐに五線譜を思い浮かべる人が多いと思うが、実は楽譜にはさまざまな書き方(記譜法)がある。譜例C4-1は長唄囃子の楽譜で、大鼓と小鼓が奏するリズムが、小鼓が打ち分ける2種類の音高とともに記されている。冒頭の×は口唱歌で「ツタツ」というリズムフレーズで、ツは大鼓の音を、タは小鼓の甲の音（高音）を示す。続く○は「トン」という小鼓の乙の音（低音）で「トトトン」と3回繰り返す。右側に引かれた線はこのフレーズを2回繰り返すことを示す。次の♯は「チリカラ」という口唱歌を示し、大鼓が連続して2回（チリ）打った後に小鼓が甲の音を2回（カラ）打つ。続く「スッ」は大鼓の音を示し、次の小鼓と一緒に「スットン」というリズムフレーズとなる。

譜例C4-2は箏の楽譜で、13本の弦が低音側から順に「一」から「十」までの漢数字と「斗」「為」「巾」という漢字で示されている。左手で弦を押して音を高くする「押し手」の技法が必要な箇所には「オ」という字が書き加えられている。漢数字の左側のカタカナは口唱歌である。63ページにある長唄の楽譜は、唄と三味線の旋律が1から7の数字で示されているが、これは西洋音楽のドレミを数字に置き換えたもので、♯（シャープ）も使われている。三味線の記譜法は種類が多く、ジャンルや流派によって異なる楽譜が使われている。西洋音楽の楽譜も、古い時代にはさまざまな記譜法があったし、現代音楽では図形楽譜も用いられている。楽譜についてさらに詳しく知りたい場合にはNHK交響楽団1974、平野：福島1977、カルコシュカ1978、皆川1985、Bent他1994、徳丸：薦田：野川

1994、小塩2003などを参照してほしい。

楽譜の用途も一様ではない。多くの場合、楽譜は演奏者が出すべき音を記した一種の指示書として読まれるが、同時に演奏者は楽譜を通して曲の構造を理解する。合唱曲や吹奏楽のような合奏曲であれば、自分が演奏するパートが曲全体の中でどんな役割を与えられているのか、自分の演奏するパートが他のパートとどのような関係にあるのか、ピアノの独奏曲であればいくつのパートから構成されているのか（主旋律と伴奏というシンプルな構成か、多くのパートが絡み合う複雑な構成か）等は楽譜を見るとよく理解できる。また、同じ旋律がどこで再現するのか、再現時にどのような変形が加えられているのか、西洋音楽であれば和音の使い方や転調がどこで行なわれるかなども、楽譜を詳細に見ることで確

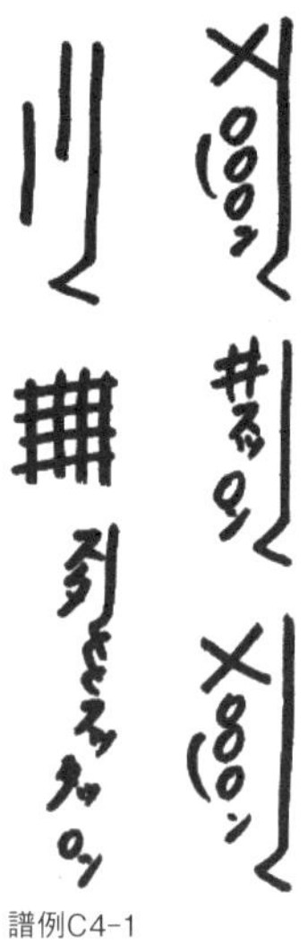

譜例C4-1
長唄囃子の楽譜

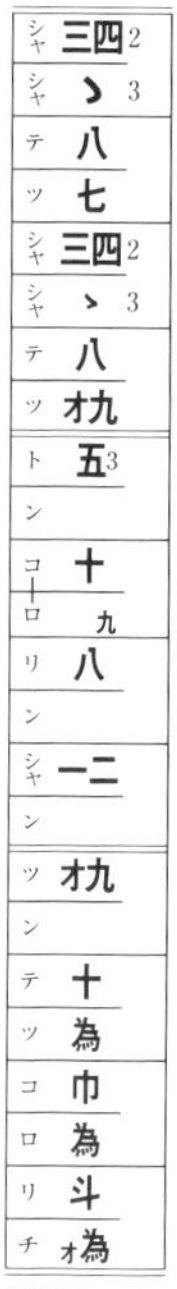

譜例C4-2
箏の楽譜

認できる。このように楽譜は作品に関する地図や工程表のような存在でもある。音楽を構成する要素に着目して作品の構造を明らかにすることを「楽曲分析」と呼ぶ。音は一瞬にして消え去ってしまう。聴覚の記憶に基づく分析も可能ではあるが、精密な楽曲分析を行なうためには、音を視覚的に固定し、作品全体を俯瞰できる楽譜は不可欠な存在なのである。

楽譜なしで伝承されている音楽や、即興演奏などを分析する時には、分析者が自分で録音を聞きながら楽譜を作成することが多い。この作業を「採譜」と呼ぶ。譜例C4-3は、宮城県仙台市秋保地区で伝承されている田植踊の時にうたわれる歌の旋律を採譜したものである（小塩 2014）。秋保の田植踊は、現在、馬場、長袋、湯元という3つの集落で伝承されているが、集落ごとに演奏スタイルが少しずつ異なる。その違いを明らかにするために、フィールドワークで録画したビデオを何度も再生しながら採譜を行なった。楽譜に書き記すことができるのは、主として音の高さと長さのみであるが、類似の旋律であっても集落により細部が異なることが、採譜を行なうことで視覚的に理解できる。過去の演奏の採譜と見比べることで、時代による演奏の違いを明らかにすることもできる。筆者は、YouTubeで、ある演歌歌手のヒット曲の映像を、デビュー当時から最近のものまで何種類か見つけ、その採譜を行なったことがある。デビュー当時はあっさりと歌っていた箇所が引き延ばされて歌われたり、コブシの付け方が変わったりするなど、長年の間に歌い方が変化してきたことが、採譜をすることで具体的に理解できた。採譜は手間のかかる作業であるが、何度も同じ箇所を聞きながら楽譜に固定することで、耳で聞くだけではわからない詳細な違いを明示することができるのである。

譜例C4-3　秋保の田植踊でうたわれる歌の採譜（小塩 2014: 252-253）

写真C4-4　仙台市秋保長袋の田植踊（写真左側に歌い手がいる）。小塩撮影

6 無形文化遺産としての音楽

福岡正太

INTRODUCTION

「音楽は世界共通の言語である」。

皆さんはこれに同意するだろうか。あるミュージシャンのウェブサイトにも、同様のことが書かれていた。彼はヨーロッパから日本に移住し、当初、言葉も習慣も違う国で戸惑うことが多かったという。そんな彼を慰めたのは音楽だった。音楽を通じて人間は心を通わすことができる。「音楽は世界共通の言語である」という彼の言葉は、こうした経験から出てきた。

しかし、民族音楽学者はこう考える。「彼が寂しい思いをしたときに聴いたのは、どんな音楽だったのだろう。クラシックだろうか、ポップスだろうか、それとも、ロックだろうか。もし彼がいきなり長唄を聴いたら、慰められただろうか」。具体的に音楽を思い浮かべてみると、「世界共通」であるといえそうなのは、一握りの音楽だけで、それ以外の大多数の音楽は、そのときの「音楽」には数えられていないのではないか。

私たちがよく耳にするのは、日本や欧米の音楽産業にのったごく一部の音楽にしかすぎない。それに対して、民族音楽学者は、世界には自分たちの音楽とは異なる様々な音楽が存在することを明らかにしてきた。だから「音楽は世界共通ではない」と主張する。

一方で、それぞれ表現は違うけれども、世界中の人々はみな音楽をもっているという点において、音楽は世界共通であるということもできる。民族音楽学者が、世界の多様な音楽を研究してきたのは、それらひとつひとつの音楽を理解したいと考えてきたからだ。世界の人々が音楽を生みだし、伝えてきたのには、それなりの理由があるはずだ。聴き慣れない音楽は、必ずしも耳に心地よくないかもしれない。その表現を成り立たせる

6　無形文化遺産としての音楽　75

写真6-1　鹿児島県三島村硫黄島、村営フェリーの出港を西アフリカの太鼓ジャンベと踊りで見送る（2012年）。人口120名ほどの島の人々が、ジャンベを通じて西アフリカの人々と交流している。福岡撮影

ものを理解するには、それなりの努力と時間を要する。それでも、それを少しでも理解できたとき、私たち自身の音楽に対する見方も広がっていく。

　近年、無形文化遺産保護への関心が高まっている。その背景には、消滅の危機にある文化を後世に伝えていきたいという思いがある。ユネスコによる無形文化遺産保護条約の採択に表れているのは、こうした努力を国際社会の協力の下で実現させていこうとする意志である。個々の文化遺産は、それらを担ってきた個々の集団の努力で伝えていくべきものだと考えられるかもしれない。しかし、社会の急激な変化は、個々の集団の努力で押しとどめることはできない。文化の多様性が失われ、画一化していくことを防ぐために、国際社会の協力が必要とされているのである。

　ユネスコには、人類共有の遺産として文化遺産を守っていこうという考え方がある。これは、特定の遺産を世界共通のものとするよりは、多様性を人類の遺産と考えることにつながっている。音楽を例に考えれば、特定の音楽だけを大切にするのではなく、世界の多様な音楽のひとつひとつを大切にすること、さらに、あるひとつの音楽だけで世界の人々がつながるのではなく、たくさんの音楽により人々がつながること、それが無形文化遺産の保護のめざしているものだといえるだろう。

I. 無形文化遺産としての音楽

　21世紀に入り、無形文化遺産という概念が、急速に世界中に広まった。これはユネスコが2003年に採択した無形文化遺産保護条約によるところが大きい。民族音楽学者は、世界の音楽や芸能について研究を重ねてきた。近年、その研究対象は、無形文化遺産として意識されることが多くなってきている。まず、無形文化遺産保護条約がどのような経緯で作られたのかを見ながら、なぜこうした条約が必要とされるようになったのかをみてみよう。

　無形の文化遺産保護の方策は、1970年代から検討されてきた。たとえば、1971年、ユネスコは「フォークロア保護のための国際法制定の可能性」という文書を作成した。ここでのフォークロアとは、伝統に基づいて文化的共同体が創造してきたものを指している。また、1973年、ボリビア政府は、フォークロアを保護する協定を万国著作権条約に追加するよう提案を行なった。1970年代初頭、サイモン＆ガーファンクル（ポール・サイモンPaul Simonとアート・ガーファンクルArt Garfunkelによるユニット）による《コンドルは飛んで行く》が世界中でヒットしており、それがこの提案につながったといわれている。この曲はアンデスのフォルクローレ音楽の代表曲ともみなされており、そのヒットがアンデス地域の人々に何の見返りももたらさないことが問題視されたという訳だ。一方で、アンデス音楽の本場を自負するボリビアの人々が、アルゼンチン音楽家らは、フォルクローレ音楽を盗用していると感じ、悪感情を抱いていたことが、この提案につながったという説も出されている（Rios 2014: 209）。いずれにせよ、フォークロアを流用あるいは盗用から守る訴えを受けて、フォークロアの保護の検討が本格化する。

　当初、ユネスコとWIPO（世界知的所有権機関）が協力し、知的所有権によりフォークロアを守ることが検討された。フォークロアは、特定のコミュニティと結びついた集団的な表現であり、多くの場合、作者が特定できなかったり、あるいはすでに著作権保護の期間を過ぎていたりすることが多い。そこで、法的資格をもつ機関が、申告により権利者となるモデル法なども提案されたが、結局、現実的にはあまり支持を得ることはなかった。そし

て、1997年、WIPOは、フォークロアの保護に関する世界フォーラムを開催し、知的所有権ではフォークロアを適切に保護できず、新たな保護制度が必要であると結論付けた（佐藤 2007: 349）。

　一方、ユネスコは、1989年、総会で「伝統的文化及びフォークロアの保護に関する勧告」を採択し、1999年には、勧告の評価を行なった。その過程で、コミュニティの保護を通じてフォークロアを保護するという考え方に重点がおかれ、コミュニティの諸権利を守り、アイデンティティを尊重することで、コミュニティみずからが創造的な力を発揮するよう対策を講じるという考え方に向かっていった。そして2001年から「無形文化遺産」という言葉が本格的に使われるようになり、「人類の口承および無形遺産の傑作の宣言」プログラムを経て、2003年の無形文化遺産保護条約の採択に至る。当初用いられていた「フォークロア」および「伝統文化」という用語が、最終的に無形文化遺産という言葉に置き換えられたのは、2つの言葉が、地域により、「未開」や「辺境」のイメージ、あるいは創造性の欠如などと結びつけられ、侮蔑的な含意をもつ（Seitel 2001参照）ことから、「植民地主義者の思想と支配の初期のシステムから引き出されたものであり、この用語の使用には問題がある」（Seitel 2002: 3）という指摘がなされたためである（Zanten 2002: 37）。

　条約によれば、無形文化遺産は、共同体や集団により、世代から世代へと伝えられ、彼らにアイデンティティや連続性の感覚を与えている。つまり、前の世代から遺産を引き継ぎ、自分たちで実践し、さらに次代へと伝えていくことは、その共同体の一員としての自覚や誇りを育むことにつながると考えられている。逆に、それらを実践するたびに、その共同体や集団が確かなものとなるともいえるだろう。こうした無形文化遺産の重要性を認識し、互いに評価し、国際的に協調してその保護を支援していこうとするのがこの条約の目的である。なお、無形文化遺産条約の採択に先立ち、ユネスコは、2001年、「文化多様性に関する世界宣言」を採択した。この宣言は、文化的多様性は人類共通の遺産であるとしている。

2. 硫黄島の八朔太鼓踊り

　鹿児島県三島村の硫黄島は、鹿児島からフェリーで3時間半ほどの位置にある人口120名ほどの小さな島である。私たちは、2007年から数年にわたり島を訪れ、八朔太鼓踊りとよばれる芸能の調査撮影を行なった。これは、無形文化遺産条約で規定された無形文化遺産の例によくあてはまるものであると考えられる。

　八朔太鼓踊りは、毎年旧暦の8月1日と2日の2日にわたって、島の神社の前の広場で行なわれる。鉦叩きを中心にして、太鼓を胸につけて背に矢旗を背負った10人の踊り手が円を描きながら太鼓を打ち踊る。踊り手は中学生以上の男性から選抜される。鉦叩きは、本来、歌もうたうが、現在は歌をうたえるメンバーが島を離れているため、歌の部分は録音を用いる。踊りがはじまってしばらくすると、大きな耳とおでこに角をもつ赤いメンをかぶり、蓑を着たメンドンたちが木の枝を振りながら、踊り手や見物人の間を走りまわりだす。女性たちが油断すると、メンドンにかかえて連れて行かれそうになり、広場が一気ににぎやかになる。2日目には、踊りが終わると、踊り手とメンドンは、集落の中を列をなして歩き、海岸に出て太鼓を打ち、木の枝を振って悪いものをはらう。

　島には中学校までしかなく、また、働き口が限られるため、若者が島に留まることが難しい状況にある。そんな中、村は、島に多くの人が訪れるよう様々な工夫をしている。そのひとつが西アフリ

写真6-2　八朔太鼓踊り。2010年、鹿児島県三島村硫黄島にて。福岡撮影

カの太鼓ジャンベdjembeの学校の設置である。1994年、ギニア出身のジャンベ奏者ママディ・ケイタMamady Keïtaが日本のテレビ局の企画で来日した際、「なるべく小さな村の子供たちと交流したい」と希望し、三島村にやってきたのをきっかけとし、以後、毎年、ママディを招いてジャンベのワークショップを行なってきた。そして2004年、島にジャンベ・スクールが設置された（徳田 2015）。現在、夏のワークショップには国内外から参加者が訪れるほか、約半年、村からの補助を受けて島に滞在してジャンベを学ぶかたわら、村の仕事などを手伝う「ジャンベ留学生」を毎年募集している。また、いわゆる山村留学である「しおかぜ留学」の制度を設け、島外からやってきて、島の里親に世話になりながら島の学校に通う小中学生もいる。そのほか、学校の先生は、鹿児島県教育委員会により島にある三島小・中学校に配属されると3年ほど勤めて、また異動となる。

　そうした中で、10名の八朔太鼓踊りの踊り手の半数以上を占めるのは、学校の先生やジャンベ・スクールの「留学生」、また、しおかぜ留学制度により中学校で学ぶ男子生徒らである。島のベテランの踊り手を初心者の間にうまく配置して、踊りが大きく乱れないように細心の注意を払う。一方、メンドンには男性であれば誰でも入れる。誰が入っているかを悟られないように上手に蓑とメンをつける。小さな男の子たちも手作りのメンをかぶって走り回る。婦人会に属する女性たちは、朝から総出で食事の支度を行なう。踊り手が休憩時に食べる弁当、観客に振る舞う料理、そして2日目は最後の饗宴である花開きのごちそうを用意する。老人会に属する島民や観光客らが観客となる。

　人口が少ないこの島では、島民が総出でこの祭りを行なう。学校の先生、ジャンベ留学生、しおかぜ留学の生徒たちも、こうした行事では島の一員として与えられた役割を果たして楽しむ。八朔太鼓踊りに参加することは、島の人間関係を形作ることでもあり、こうした行事を通して、島の社会における自分の位置を確立していくことになる。民族音楽学者アンソニー・シーガーAnthony Seegerは、社会生活を、パフォーマンスを通して常に創造、再創造されるものとして捉える音楽人類学musical anthropologyを提唱したが（Seeger 1987: xiii-xiv）、八朔太鼓踊りは、まさに島の人間関係を形作

り、社会を（再）構築する過程となっているといえるだろう。

　硫黄島の社会やそこで演じられる芸能は、無形文化遺産の精神によくあてはまる例だと思われるが、現実にユネスコの無形文化遺産のリストに記載されることがあるかと考えると、あまりその可能性はなさそうだ。そのひとつの理由は、日本政府は、重要無形民俗文化財に指定されたものを指定の早い順から無形文化遺産の代表リスト記載に推薦すると決めていたからだ。2013年の和食のリスト記載決定や、類似の文化遺産の重複記載をユネスコが否定したことにより、この方針は変更を余儀なくされている。それでも、日本で国の指定を受けていない芸能が推薦される可能性はきわめて低いといわざるを得ない。さらに日本の文化財保護法によれば、無形文化財は、「歴史上又は芸術上価値の高いもの」（第2条の2）、民俗芸能などがあてはまる民俗文化財は、「我が国民の生活の推移の理解のため欠くことができないもの」（第2条の3）とされており、それをになうコミュニティの（再）構築に力をもち、音楽人類学的に意義深い芸能であっても、「国民」という視点から意味があるとみなされなければ、推薦されることはないのである。(注) p.84

3. カンボジアの影絵芝居スバエク・トム

　次に、カンボジアの芸能の例を見てみよう。スバエク・トムsbaek thommは、インド起源の物語ラーマーヤナ（クメール語ではリアムケーReamker）を題材としたカンボジアの伝統的な影絵芝居である。一辺が60cmから150cm程度のウシの革（スバエク）に、ラーマーヤナの一場面を彫り込んだものを使い、ヤシ殻に灯した炎で大きなスクリーンに影を投影する。ウシの革を操る演者は、スクリーンの裏側だけでなく表側にも現れて演じる。白いスクリーンの前では、革に彫られた物語の場面と演者のシルエットがくっきりと浮かび上がり、演者の舞踊的な身体の動きも見せ所になる。ピン・ピアットpinn peatとよばれる伝統的な音楽アンサンブルが伴奏として用いられる。上演の要を成すのは、歌うような語りであり、経験を積んだ演者が担当する。現在まで伝えられているレパートリーは、全部で7つのエピソードからなる。ラーマ王子が、妻シーターを助け出すため、サルの軍の助けを借

りて魔王ラーヴァナの国に攻め入るところから始まり、ラーマの弟ラクシュマナが魔王の息子インドラジットを討ち取るところまでを演じる。かつては、高僧の火葬儀礼等で演じられたといわれ（福富 2010: 163）、スバエク・トムは儀礼的な意味をもっていたと考えることができる。

写真6-3　ティー・チアン一座によるスバエク・トムの上演。2000年、シエムリアップにて。福岡撮影

　内戦やポル・ポト派の支配により、1970年代から90年代にかけて、スバエク・トムはほとんど上演されなかった。1990年代後半に入り、ようやくシエムリアップにおいて復興の努力が始まった。その中心になったのは、クルーkrouと呼ばれるリーダー、ティー・チアンTy Chien（1922-2000）である。彼が率いる一座は、当時、実質的にシエムリアップで唯一、スバエク・トムを上演できるグループだった。

　1999年暮れ、私たちは伝統芸能を映像で記録するためにカンボジアを訪れた。そこで様々な芸能を記録するうち、シエムリアップでティー・チアンと出会い、スバエク・トムが置かれている状況を知ることになった。1922年生まれのティー・チアンは、当時すでに80歳に近く、体調も思わしくなかった。若者たちを集め、スバエク・トム再興のために練習を重ねていたが、語りの芸を身につけ、上演とそれにともなう儀礼の一切を取り仕切る一座のリーダーとして彼の跡を継ぐ人物は、まだ現れていなかった。多くの関係者は、彼が元気なうちに、彼の語りの名人芸を中心とした上演を記録しておかなくてはならないと考えていた。

　私たちは帰国後、スバエク・トムを本格的に記録するために各方面に働きかけ、2000年春、国際交流基金の助成を受けて、再度カンボジアを訪れることになった。ティー・チアンの体調も考慮し、休みの日を設けながら正味5日間での撮影を計画した。しかし、彼は昔ながらの7晩連続の上演を自ら提案し、私たちはその上演を記録した。さらに、彼がどのようにスバエク・トムを学び、演じてきたかを語ったインタビュー、元文化大臣のチェン・ポンChheng Phonを始めとする関係者のインタビューなども収録した。その年の

夏、残念ながらティー・チアンは亡くなった。精霊の思し召しだからといって、病院に行くことを拒み自宅で息を引き取ったという。

　2005年、スバエク・トムは、ユネスコにより「人類の口承および無形遺産の傑作」として宣言され、その後、無形文化遺産保護条約の発効とともに、無形文化遺産の代表リストに記載された。当然ながら、申請はカンボジア政府が行なった。恐らく他の例についてもあてはまることだが、国が申請の主体となるため、無形文化遺産条約の精神の如何にかかわらず、どうしてもそこには政府を中心としたナショナリズムが反映される。内戦前には、スバエク・トムは、シエムリアップにおいて、ほぼティー・チアンが率いる一座が伝えるのみだった。しかし、1990年代後半にスバエク・トムの復興の努力が始まって以来、首都プノンペンとシエムリアップで複数のグループが上演活動を行なうようになった（Kong; Preap 2014）。福富友子は、文化芸術省が「国民文化」としてのスバエク・トムという言説を構築し、同省の所属グループが古典舞踊の動きなどを取り入れたスバエク・トムを演じるのに対し、シエムリアップで伝統を伝えてきたグループやその上演に対しては微妙な距離をとっていることを指摘している（福富 2010）。

　本来の条約の精神にのっとれば、無形文化遺産とは、それを伝えてきたコミュニティの連続性やアイデンティティの感覚を確かにするものだ。しかし、文化芸術省のグループが、スバエク・トムを伝えてきた先人たちとの連続性や同じコミュニティに属しているという感覚を抱いているかについては、甚だ疑問である。そこにはコミュニティの連続性ではなく、国の基盤としての文化を築くことに重点が置かれているからだ。ただ、カンボジア政府の立場から見れば、これはいたしかたないことであるようにも思える。復興の道を歩み、経済的な繁栄も実現しつつあるカンボジアにとって一番の課題は、やはり国としての体制をいかにしっかりさせていくかにあるだろう。国民的な統合や安定、繁栄のシンボルが必要とされている。残念ながら、無形文化遺産のリスト作りを骨子とするプログラムは、世界遺産のような指定制度と見かけ上大きな違いがあるようには見えない。国としての誇りを求めて無形文化遺産を申請するというのは、ごく自然な反応である。

　ユネスコの無形文化遺産保護条約による無形文化遺産の規定は、シーガー

が提唱する音楽人類学の考え方にも通じるもので、文化人類学や民族音楽学の考え方も十分に踏まえていると思われる。そこで重要なのは、当事者が無形文化遺産とは何かを定義する力をもつということである（Zanten 2004: 37）。しかし、2つの例を通して見えてくるのは、結局、政府を通じて無形文化遺産のリスト記載を申請するので、そこに国家のナショナリズムが差し挟まれてしまい、なかなか条約の理念通りにはプログラムが進まないということだ。政府間で申請の競争が起きたり、遺産の本家争いが起きたりする状況も、いかに現実のプログラムが理念とはかけ離れているかを示しているといえるだろう。

4. 映像記録の作成

さて、私たちは硫黄島の八朔太鼓踊りとカンボジアのスバエク・トムについて、対照的な映像記録を行なったので、最後にそれについて触れておこう。

硫黄島において、私たちは、何度も八朔太鼓踊りを撮影した。芸能の「形」に注目するならば、恐らく1回撮影を行なえば十分だろう。踊りの振り付けや祭りの進行は、大体、それで記録することができる。しかし、前述したように、八朔太鼓踊りは、そのパフォーマンスを通じて島の人間関係ひいては社会を絶えず再構築する役割を果たしている。あえて何回も記録することで、それを少しずつ理解できるようになった。毎年、踊り手の構成は変わっている。記録しているうちに、前年島にいなかった人がいたり、前年いた人がいなくなっていることに気づけるようになってくる。メンバーが変われば、踊りも微妙に変化する。恐らく、島の人が見れば、その記録がいつのものかすぐにわかるだろう。島とかかわりのある1人1人個性ある人とその人の踊りが映っているからだ。島の人びとは、八朔太鼓踊りを通じて、新しく島に来た人を島の社会に受け入れ、また去っていく人を送り出す。そう考えれば、必ずしも踊りの振りや祭りの構成を記録することだけが大切ではないことがわかるだろう。

一方、スバエク・トムの例においては、長老ティー・チアンが指導し、長老が語りとして加わった上演を記録することが重要であった。長老の健康状

態や上演に必要な経費を考慮すれば、7晩連続という規模で上演を再び記録する機会があまりないであろうことは容易に想像できた。語りは門外不出と考えていた長老が（福富 2013: 3）、あえてすべてのレパートリーの記録を提案したことも、関係者にとって記録に特別な意味を与えただろう。このケースでは、1回限りの上演を記録するというところに意味があった。その分、スバエク・トムの記録は、どう公開していくかという課題も、より重みをもって迫ってきた。当初は、長老が語りを門外不出としていたことも考慮し、グループの関係者にのみ映像をわたした。しかし、約10年後、シエムリアップを再訪してグループのメンバーと話し合ったところ、長老の加わった上演の記録を、ぜひカンボジアの子どもたちにも見て欲しいという希望が出された。そこで私たちは、すでに日本語と英語で編集した番組のクメール語版も制作した。そして2015年現在、プノンペンの視聴覚資料センターにて番組を公開する準備を進めている。カンボジアでの一般公開までに少し時間がかかってしまったが、それはパフォーマンスがその社会のあり方を刻々と再構築していくのと同様に、映像記録の作成や公開もコミュニティの人間関係や秩序に影響を与えうると考えたからである。

（注）　本書の初版発行の後、2017年3月、硫黄島のメンドンが国の重要無形民俗文化財に指定され、2018年11月末には、日本の「来訪神：仮面・仮装の神々」を構成する10の要素の1つとして、ユネスコの無形文化遺産代表一覧表に記載された。

コラム5
資料としての楽器

福岡正太

　1877年、ブリュッセルの王立音楽学校の楽器博物館が設立された。現在、王立美術・歴史博物館の一機関をなす楽器博物館の前身である。この博物館が設立されたとき、2つの重要なコレクションが収められた。ひとつはベルギー人音楽学者フランソワ＝ジョゼフ・フェティスFrançois-Joseph Fétis（1784-1871）のコレクション、そしてもうひとつは、インドの音楽学者S. M. タゴールSourindro Mohun Tagore（1840-1914）が寄贈したインド各地の楽器約100点のコレクションである。後者は、その後の楽器研究にとって、とくに重要な意味をもつことになった。ちなみに、S. M. タゴールは、日本にも音楽書や楽器を寄贈したが、残念ながら、日本では長い間、その事実は忘れ去られていた（塚原 2010）。

　通常、西洋の楽器を考えるとき、管楽器、弦楽器、打楽器という3分類が思い浮かぶだろう。これは西洋のオーケストラ等に使われる楽器を分類するには便利な方法である。ある程度、それぞれの音楽的な役割の違いなどを踏まえた分類となっている。しかし、これを世界の他の音楽につかわれる楽器に適用しようとすると問題が発生する。管楽器の「管」は、振動する気柱を閉じ込めている容器を指し、弦楽器の「弦」は、振動する素材を指し、そして打楽器の「打」は、奏法を表している。つまり、それぞれ異なる視点から楽器が分類されているため、もっと広い範囲の楽器を体系的に分類するには向いていないのである。

　ブリュッセルの楽器博物館の学芸員であったヴィクトール＝シャルル・マイヨンVictor-Charles Mahillon（1841-1924）は、所蔵楽器の目録を作成するにあたり、この管楽器、弦楽器、打楽器という3分類ではなく、自鳴楽器instruments autophones、膜鳴楽器instruments à membranes、気鳴楽器instruments à vent、弦鳴楽器instruments à cordesの4分類を採用した（Mahillon 1978［1880-1922］）。これはS. M. タゴールが楽器を寄贈した際に付した解説に紹介されていたインドの演劇、舞踊、音楽の理論書『ナーティヤ・シャーストラ Nāṭya-śāstra』の楽器分類法に基づいて考案された分類である（井上 2006: 314）。自鳴楽器とは、楽器本体が振動して音を出す楽器、膜鳴楽器は、枠に張った革などの振動により鳴る楽器、気鳴楽器は、管の中の気柱の振動により鳴る楽器、そして弦鳴楽器は、弦の振動により音を出す楽器である。この分類法は、発音体に着目して楽器を分類するという点で一貫しており、世界の様々な楽器の分類に適している。

　世界の楽器のコレクションの形成、そしてそれらの記述と分析への努力は、より体系的な楽器の分類をうながした。マイヨンによる分類は、エーリッヒ・フォン・ホルンボステルErich von Hornbostel（1877-1935）とクルト・ザックスCurt Sachs（1881-1959）による楽器分類へと引き継がれていく（Hornbostel; Sachs 1961［1914］）。彼らによる分類法は、マイヨンの分類の「自鳴楽器」の名称を「体鳴楽器」に修正した上で、体鳴楽器idiophone、膜鳴楽器membranophone、弦鳴楽器chordophone、気鳴楽器aerophoneの4分類を踏襲し、さらにそれぞれの下位分類において、既知の楽器をできる限り体系的に分類できるよう工夫を重ね、デューイの10進法によりコードを与えた。たとえば、ダイレdaireやダプdap（写真C5-1）など、タンバリン様の太鼓の場合、211. 311というコードが与えられている。その数字の意味するところは、膜鳴楽器(2)、打奏(1)、直接打奏(1)、

写真C5-1　ウイグルの太鼓ダプ。手のひらで叩いて演奏する。東京藝術大学小泉文夫記念資料室蔵

枠型胴(3)、柄無し(1)、片面(1)である。前半の211は、手ないしはバチで直接膜面を打つ太鼓であることを意味し、後半の311は、浅い枠型の胴をもち持ち手はついてなく、片面のみ膜が張ってあることを示している。同様に、211.322であれば、浅い枠型の胴をもち、持ち手つきで、両面に膜を張った太鼓で、直接膜面を打って演奏するものであることを表している。

　大航海時代以来、ヨーロッパの王侯貴族は、世界中から多くの文物を集め、コレクションを形成してきた。17世紀後半には、そうしたコレクションの分化が始まり、王侯貴族は美術品を、学者や医師は異文化の産物や自然界の標本を集めるという傾向が強くなっていった。18世紀に入ると博物学が成立し、初の公共博物館である大英博物館が1753年に創立され、19世紀には、欧米各地に民族学博物館が建設されていく（吉田 2014）。世界の楽器のコレクションの形成や楽器博物館の設立も、こうした流れの中で捉えることができるだろう。楽器の分類法は、楽器に関する通文化的な知見の増大と表裏一体となって発展してきた。今日に至るまで、ホルンボステルとザックスによる分類法は、多くの研究者や研究機関、あるいは博物館などで、修正を重ねながら使われている。それは、比較音楽学的な研究の成果が、今日の私たちの世界の音楽に対する理解の基礎として重要性を失っていないことを示しているとも言えるだろう。

　一方、20世紀後半以降、現地での調査を重視する民族音楽学の発展は、楽器がいかに奏でられるのかという関心を大きくしていった。文化的文脈から切り離されてしまった楽器からは、人びとがそれらをどのように扱い、どのような機会にどのような音を奏でていたのかはわからない。そこで、楽器の収集に併せて、写真やビデオなどで楽器演奏や楽器製作の様子を記録することが行なわれるようになっている。たとえば、国立民族学博物館の音楽展示は、2010年に展示をリニューアルする際、楽器と写真とビデオの3つをセットとして展示する方針をたて、収集と取材を行なった。その結果、モノとしての楽器をじっくり見るだけでなく、それらがどのように奏でられるのかも同時に見られるようになった。写真とビデオは役割が重複するようにも見えるが、もともと写真は一瞬を捉えるメディアであり、楽器の構造や演奏者の構え方など、写真の方がより的確に把握することができる。それに対して動画は、時間とともに展開する音楽のパフォーマンスを記録することができる（福岡 2013）。

　さらに楽器コレクションをめぐる社会的状況にも大きな変化が見られる。欧米のコレクションは、すでに長い歴史を経ているものが多いが、国立民族学博物館でも、1977年の博物館開館のために世界各地で収集した資料の中に、すでに製作されなくなり、使用されなくなっているものが増えている。一方、自らの文化を復興する努力が各地で盛んになってきている。かつて「博物館行き」とは、資料が生きた価値を失うことであるかのように語られたことがあった。しかし、近年、これらの資料を、文化の継承や活性化のために活用することが目

指されるようになっている。資料は、博物館に所蔵されることで、それを生みだした人々から切り離されるのではなく、博物館が管理する資料に学び、展示企画に参画し、また新たに資料を製作するといった活動を通して、再びその社会の人びとにとって生きた意味を取り戻すことができる（大塚 2011）。楽器のコレクションは、通文化的な比較研究の資料となるばかりでなく、それを生みだした人びととの関係において意味をもち続けるものとして扱われなければならない時代に入りつつある。

楽器分類表

1 体鳴楽器	11	打奏体鳴楽器	
	111	直接打奏体鳴楽器	グンデル・ワヤン、クリンタン
	112	間接打奏体鳴楽器	マラカス
	12	摘奏体鳴楽器（はじくもの）	ムビラ
	13	擦奏体鳴楽器（こするもの）	ミュージカル・グラス
	14	吹奏体鳴楽器	
2 膜鳴楽器	21	打奏太鼓	
	211	直接打奏太鼓	和太鼓、小鼓、ジェンベ
	212	振奏太鼓（間接打奏太鼓；211直接打奏太鼓のように区分される）	でんでん太鼓
	22	摘奏太鼓	
	23	擦奏体鳴楽器	クィーカ
	24	歌奏太鼓（ミルリトン）	カズー
3 弦鳴楽器	31	単純弦鳴楽器またはツィター	
	311	棒型（胴）ツィター	
	312	管型（胴）ツィター	箏、カヤグム、ヴァリハ
	313	筏型（胴）ツィター	
	314	板型（胴）ツィター	サントゥール、ピアノ
	315	槽型（胴）ツィター	
	316	枠型（胴）ツィター	
	32	複合弦鳴楽器	
	321	リュート	ウード、三味線、ギター、セタール
	322	ハープ	
	323	ハープ・リュート	コラ
4 気鳴楽器	41	自由気鳴楽器	ハルモニウム
	42	本来の吹奏楽器	
	421	刃型（エッジ）付き吹奏楽器またはフルート	リコーダー、フルート
	422	リードパイプ（有簧吹奏楽器）	篳篥、ピリ、太平簫、ラウネッダス、バグパイプ
	423	トランペット（唇で振動させるもの）	

分類項目の用語は『ニューグローヴ世界音楽大事典』（柴田；遠山 1993, 4: 565-577）「楽器分類表」に依拠し、分類表全体の中から本書に登場する楽器を中心に抜粋編集したもの。なおこの分類体系にはもともと電子楽器は含まれていないが、第二次大戦後、電気を使う楽器を分類に入れることが試みられた。現在では、5電鳴楽器（electronophone）として整理され、電子的な方法で音を出す楽器がまとめられている。なお、エレキ・ギターのように音量を増幅するために電気を使うものは、この中に含まれない。以下の文献を参考。
BAKAN, Michael B.; BRYANT, Wanda; LI, Guangming; MARTINELLI, David; VAUGHN, Cathy
 1990 "Demystifying and classifying electronic music instruments." *in* DEVALE 1990: 37-64.

クィーカ（ブラジル）

セタール（イラン）

カヤグム（韓国・朝鮮）

ハルモニウム（インド）

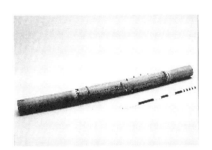
ヴァリハ（マダガスカル）

ピリ（中国＝漢）

サントゥール（イラン）

太平簫（韓国・朝鮮）
（テピョンソ）

この頁の写真はすべて東京藝術大学小泉文夫記念資料室蔵

7 無形文化財と韓国の伝統音楽

植村幸生

INTRODUCTION

 2015年5月3日、韓国ソウルで宗廟(そうびょう)大祭を25年ぶりに参観した。宗廟とは朝鮮王朝歴代の王と王妃をまつる廟のことである。ソウル旧市街の東西をつなぐメインストリート、鍾路から宗廟に足を踏み入れれば、いつもなら深い森の空気と静けさに包まれるはずだ。しかしこの日ばかりはすでに正門前からごったがえしている。まず目につくのは「全州李氏大同宗約院」のテント前で、中高年の男性たちがしきりに挨拶を交わす様子である。全州李氏とは国王を輩出した家門であり、宗廟大祭は彼ら全州李氏一族にとっての先祖祭り、韓国でいう「祭祀(チェサ) jesa」でもある。そして宗家当主（26代王・高宗(コジョン)［1852-1919］の曾孫にあたる）はじめ一族の男性が祭官としてつとめを果たす日でもある。

 敷地に入ると石畳の道が奥に向かって続く。これを神路という。祖霊の通り道ゆえこれを踏んで歩いてはいけない。その横には、宗廟大祭に用いる供物と礼服の展示ブースが作られ、家族連れが見に来ている。祭祀は韓国ならどの家庭でも行なうものだけに、王様の祭祀には何をお供えするのか興味津々の様子で、それがちょっとした家庭教育の場にもなっているようだ。

 午前11時すぎ「御駕行列(オガヘンニョル)」が市内パレードを終えて宗廟に到着する。かつて王が宗廟に行幸した様子を再現したこの行列が宗廟大祭に伴うようになったのは1990年代末のことらしいが、観光面の効果だけでなく、現代の韓国人にとって映画やドラマで見る宮廷の世界と現在の無形文化財とを結びつけるきっかけにもなっている。

 宗廟は正殿と永寧殿の２つの建物からなり、まず永寧殿で、続いて正

写真7-1　宗廟大祭の最後の次第である望燎禮(マンニョレ)。左側に中継用カメラのクレーンが見える。2015年、宗廟（正殿）にて。植村撮影

殿で祭礼をあげる。2つの建物の外および正殿の中庭には大型スクリーンが設置され、パブリックビューイングができる。さらに正殿行事の様子はアナウンサーと解説者の実況がつき、スクリーンを見ながら行事の進行をつぶさに知ることができる。進行役の祭官が読み上げる次第がマイクで拡声されるのは以前からのことであるが、クレーンに乗ったカメラが儀礼空間をしきりに横切るのは、妨げではないにしてもやや目障りではある。一方、国立国楽院を中心とするメンバーによる宗廟祭礼楽、そして国立国楽高校生徒と卒業生による佾舞(イルム) ilmu（いわゆる「八佾舞(やつらのまい)」）は古来の伝承に忠実な上演につとめる。とくに前回の参観時には女子が大半を占めていた佾舞の舞踊手が、今回は全員男子であった。少しでも古式に近づけようという意図の表れであろうか。

　王族一門の家行事でもあり、国家指定重要無形文化財にしてユネスコ無形遺産でもあり、観光イベントでもある宗廟大祭はこうして午後5時すぎに終わる。一般観衆が足早に立ち去っていくその脇で、祭官をつとめた男性が礼服姿のまま、子どもや孫に囲まれて記念撮影に臨んでいる。全州李氏の人たち、一般の韓国人、外国人観光客などが、それぞれの立場で、それぞれに「歴史」を実感する場、それが宗廟大祭のいまの姿といえよう。

I. 韓国の無形文化財制度

　韓国では1962年に「文化財保護法」が成立し、1964年からは無形文化財の指定が開始された。その制度設計には日本の文化財保護法（1950年制定）の影響があると見られ、また両国ともに、戦争後の文化復興、文化的アイデンティティの回復をめざしていることも同じである。最大の共通点は、どちらも伝統文化のあるべき本来の姿（韓国では「原形」という）を守ることを重視していることで、伝統的な音楽・芸能を積極的に改変してきた中国や北朝鮮の政策とはまったく異なる（もっとも最近の中国はこの方針を転換してきている。韓国の「原形」概念についてはHoward 2012: 118、岩本 2013: 20-21を参照）。

　一方、無形文化財保護の方法に関しては日韓の間で大きな違いもある。そのひとつは、日本では雅楽、能、歌舞伎、文楽、古典落語などのいわばナショナルアートに対しては「重要無形文化財」、民間伝承による風俗習慣や民俗芸能・技術に対しては「重要無形民俗文化財」と別々の枠組みがあるのに対し、韓国ではその区別がなくすべて「重要無形文化財」としている点である。したがって、たとえば王朝時代の宮廷音楽と舞踊、上流社会で親しまれた音楽、各地の民俗芸能や民謡、楽器製作技術などがみな「重要無形文化財」に含まれることになった。

　もうひとつの違いは、韓国では保有者を頂点に、伝授助教、履修者、伝授奨学生といった技芸伝承の系譜が種目ごとに構成されているという点である。保有者は俗に「人間文化財」と呼ばれ（日本でいう人間国宝）、国家から年金が支給されるだけでなく、非常に高い社会的栄誉を得る。その一方で、保有者をはじめとする無形文化財指定の伝承者たちは、伝承が正しく行なわれているかを確認する意味で、年1回以上の定期的な公演が義務づけられてもいる。

　こうした制度は、韓国の伝統音楽にどのような影響を及ぼしているのであろうか。ここでは、無形文化財に指定された3つの音楽・芸能ジャンル、すなわち①宗廟祭礼楽、②巫俗（シャーマニズム）儀礼、③アリランを事例と

して考える。なお筆者の別稿（植村 2005）では《大吹打》という伝統的な軍楽の復興過程を無形文化財と関連させて論じたので参照されたい。

2. 宗廟祭礼楽──問われ続ける「正統性」

　宗廟祭礼楽とは、朝鮮王朝歴代の王と王妃をまつる宗廟で、現在は年に2回行なわれる儒教式祭祀にあたって演じられる音楽と舞踊のことである。宗廟での祭礼は王朝時代にはもちろん国家の最重要行事とされていた。現在、宗廟大祭をとりしきるのは全州李氏一門であるが、音楽は国立国楽院正楽演奏団が、舞踊は国立国楽高等学校生徒および卒業生が、それぞれ担当している。国立国楽院は、朝鮮時代に宮廷音楽を管掌した掌楽院という官庁の流れをひき、国立国楽高校はその国楽院の養成所を前身とする。

　現在の宗廟祭礼楽は朝鮮時代前期（15世紀）に、それ以前からあった宮廷楽曲に中国系祭礼楽の要素を加えて制定されたもので、建国の偉業をなした先祖の徳をたたえる歌詞がついている。制定以来、国家を代表する宮廷音楽とみなされてきた宗廟祭礼楽は、無形文化財制度が発足するや、その第1号に認定された。さらに2001年にはユネスコ無形文化遺産にも登録されることで、ナショナルアートとしての確固たる地位を内外に明らかにしている。

　宗廟祭礼楽が韓国でどれほど重要視されてきたかは、同じく韓国に伝承されている文廟祭礼楽と比較することで、いっそう明らかになる。文廟とは孔子をはじめとする儒教の聖人・賢人を祀る廟であり、その祭礼（釈奠）では中国古代の様式に基づく祭礼音楽と舞踊が演

写真7-2　宗廟祭礼楽の佾舞。2015年、宗廟（永寧殿）にて。植村撮影

奏される。王朝時代には、この文廟祭礼楽のような中国系祭礼楽だけを「雅楽 aak」と呼び、「俗楽 sogak」の一種とされた宗廟祭礼楽よりも格式の高いものと位置づけていた。また古代中国に由来するこの「雅楽」伝統は韓国以外の国ではいまや断絶もしくは大幅な改変を経ているため、王朝時代から続く韓国の文廟祭礼楽は東アジアのなかでも貴重な存在といえる。ところが釈奠および文廟祭礼楽が重要無形文化財（第85号）に指定されたのは1986年のことで、宗廟祭礼楽より20年以上も遅かった。ユネスコ無形文化遺産への登録の動きも今のところ見られない。韓国のナショナルアートとしての代表性をめぐって、両者の間に逆転現象が起きているのである。

　ところで1998年から2006年にかけて、宗廟祭礼楽をめぐってひとつの論争が持ち上がった。それは現行の宗廟祭礼楽の伝承が、日本植民地時代（1910-1945）に歪曲されたものだという主張から始まった。この説を音楽面から主張した南相淑は、宗廟祭礼楽を記譜した古楽譜である『大楽後譜』『俗楽源譜』、国立国楽院の前身にあたる植民地時代の機関である李王職雅楽部が編纂した楽譜、および現行伝承を比較し、現行伝承にはリズム上不自然な点があると指摘した。さらにその不自然さは植民地時代に発生したもので、19世紀末の刊記をもつ『俗楽源譜』はその歪曲を隠蔽するために偽装されたものとまで述べた（南相淑 2009: 46、412。初刊2003）。この主張に、伝承団体である国立国楽院はすぐさま反応し、現行伝承には充分な正統性があること、音楽には変化がつきものであり必ずしも外的な圧力だけがその理由にはならないことを主張して南相淑説に反論した（たとえば李淑姫 2006）。同時に宗廟祭礼楽の演奏会や講演会、出版活動を通じて現行伝承の正統性をアピールした（この論争の経緯はHoward 2012: 134-138にも述べられている）。

　この論争はマスコミを巻き込んでいったん広がりを見せたものの、結局は国楽院側の主張がほぼ認められる、というより現行伝承の価値が再認識される形で収束を見た。論点が古楽譜のリズム解釈という、きわめて専門的かつ未解決の問題にかかわるものであったことも、あいまいな収束の要因であっただろう。しかしこうした論争の発生には、無形文化財は「原形」をできるだけ保持していなければならないという理念とともに、日本植民地時代の悪しき痕跡、いわゆる「日帝残滓」が、韓国社会のどこかに隠然と残っている

のではないかという人々の疑念が一定の影響を及ぼしたことは間違いない。宗廟祭礼楽は、無形文化財となり、無形文化遺産となった後も、あるいはそれゆえに、その文化的正統性を常に問われ続けているのである。

3. 巫俗儀礼——迷信から文化財、そしてワールドミュージックへ

　宗廟祭礼楽のような王朝文化とは対照的に、巫俗(シャーマニズム)は民衆のなかで脈々と生き続けてきた民間信仰であり民俗文化である。ムーダンmudangと総称される巫者が、神々や死者の霊魂と現世の人々との間をつなぐ儀礼を行なうことで、人々の願いを叶えさせることが、巫俗儀礼(クッgut)の主な役割である。クッはその規模や目的にもよるが、常に数種類の楽器を伴い、激しいリズムを交えながら巫者が舞い、歌い、語り、信者たちと会話を交わす。こうした民間信仰は、朝鮮時代以前から、とくに女性や庶民の間で熱烈に支持される一方、支配者からは差別と弾圧の対象であった。1970年代でも、セマウル運動という地域社会改良運動のなかで巫俗は迷信として排撃の憂き目に遭ってきた。とくに他宗教の信者の中には今なお巫俗を忌避する者が少なくない。巫俗儀礼が独立した種目としてはじめて無形文化財に指定されたのは1980年のことである。2015年現在、巫俗儀礼およびそれを含む祝祭として7種目が重要無形文化財に指定されている。

　巫俗儀礼が無形文化財に指定された根拠は、その儀礼が「芸能的」要素を豊かに含んでおり、韓国を代表する他の音楽・芸能、たとえば仮面劇や、打楽器の合奏を中心とした民俗芸能である農楽 nongak、語り物芸能であるパンソリ pansori、器楽の独奏曲である散調 sanjoなどの「母体」と位置づけられるという点にある。つまり信仰の側面より芸能の側面を強く押し出すことによって、巫俗は国家が認める伝統文化として、はじめて肯定的に捉えられるようになった。無形文化財への登録に際して、降神巫(神がかりによって巫者になった者)よりも世襲巫(特定の家柄で巫者を継承する者)の儀礼を、また個人的な願掛けよりも共同体の祝祭を、多く認定する傾向にあるのはそのことを裏付ける。この結果、いわゆる人間文化財に認定された巫者たちはその境遇が大きく変わった。それまで厳しい差別と偏見にさらされてい

写真7-3 巫俗儀礼の場で太平簫を演奏する金石出氏。1990年、慶尚南道蔚州郡にて。植村撮影

たムーダンは今や「ソンセンニム（先生）」と呼ばれ、儀礼を一種の舞台公演としても行ない、ムーダン以外の音楽家や一般愛好者にまで音楽・芸能を教えるようになった。さらに彼らにとって文化財指定は一種の看板でもあり、民間宗教者としての「営業」に必要な人気と信望もそれによって得られた。その一方で、無形文化財指定を受けていないムーダンや、現に文化財となっているムーダンの弟子たちが、いつか自分が指定を受けようと躍起になる、俗にいう「人間文化財病」の弊害も指摘されている（梁鍾承 2001: 152-153）。彼らは宗教性を犠牲にして公演化に拍車をかける余り、結局は「原形」を自ら見失いかねない。

　巫俗儀礼の舞台芸術化は新たな音楽文化の創造にも寄与した。巫俗儀礼の音楽に取材し、それを再構成した作品が創作されたり、巫俗音楽家自身による、儀礼の脈絡を完全に離れた演奏活動が展開されるようになった。東海岸地方の世襲巫であった人間文化財・金石出（キムソクチュル）（1922-2005）とそのファミリーの活動は後者の顕著な例である。金石出らは1990年代、日本、米国、オーストリアのジャズミュージシャンたちとのコラボレーションによるCDを次々とリリースし（『神命』1992、『無翼鳥』1993、『Eurasian Echoes 弦打』1994、『翔〜Final Say』1997など）、韓国の巫俗音楽をワールドミュージックの文脈に導いた。巫俗音楽家たちだけが伝承してきた複雑な混合拍子のリズム、陶酔をもたらす強烈な金属性のサウンド、そして金石出が最も得意とした太平簫（テピョンソ）（チャルメラ）の融通無碍な音遣いは、こうして世界の音楽愛好者たちに「発見」された。

　金石出のこうした活動は、韓国伝統音楽とポピュラー音楽との融合、いわゆる「フュージョン国楽」ジャンルの先駆的な例といえるが、無形文化財保護の立場からはもちろん逸脱したものである。しかし、巫者そして巫俗信仰

は、常に民衆の求めに応じ、その願いを叶えることに尽くしてきたものである。金石出からすれば、自身の音楽的力量を自由に発揮して聴衆を満足させられるならば、儀礼・舞台・スタジオの別なく、また相手のジャンルを問わず、演奏に興じることに何のためらいもなかったであろうし、それこそが彼らの伝統であった。彼は無形文化財という国家次元の制度に依存するのではなく、むしろそれを足がかりにすることで、したたかに自らの音楽的個性を世界にアピールすることに成功したといってもよいだろう。

4. アリラン──「民族の歌」と無形文化財の矛盾

　韓国を代表する「民謡」といえば、誰しも《アリラン Arirang》を挙げるに違いない。しかし《アリラン》は意外なことに無形文化財ではない（2015年7月に、国家指定重要無形文化財とすることが発表された）。最もよく知られる《アリラン》は1926年封切の同名の映画の音楽であり、いわば新民謡（民謡風に作曲された流行歌謡）の一種だからである。また、朝鮮民族なら誰でも知っているというその圧倒的ポピュラリティゆえ、保護の必要がなかったためでもある。しかし、そのわかりやすいメロディに乗せて、20世紀の朝鮮民族は個人の哀歓を思い思いに歌ってきたことも事実である。とくに在外コリアンにとって《アリラン》は望郷の想いを語る、最も有力な媒体であり、それ自身が民族的アイデンティティの表出であった。

　実は「アリラン」という言葉を含む民謡は朝鮮半島の各地に分布しており、地域によってメロディも大きく異なっている（李喆雨 2003は南北にわたる各地の《アリラン》を収録する）。映画音楽として生まれた上述の《アリラン》の原曲と目されるものは、19世紀末ころからソウル近辺で歌われていた民謡（現在これを《旧調アリラン》と称する）であるらしい。さらにその源流を研究者らがたどった結果、韓国東部・江原道の旌善（チョンソン）地方の民謡《旌善アラリ》に行き着くに至った（なお《旌善アラリ》を《旌善アリラン》と同一曲とする見方と、両者を区別する見方とがある）。

　旌善は山深い地方であり、この方で仕事歌、祝い歌、あるいは娯楽の歌として、あらゆる機会に歌われてきたのが《旌善アラリ》である。正確にい

えば、旌善地方の人々が自らの思いを歌に託すとき、それはいつでも《旌善アラリ》のメロディであった。したがって無数の歌詞が作られては消え、すぐれたものは世代を超えて伝えられ蓄積していった。数人で集まっては《旌善アラリ》に即興で歌詞をつけて歌い合い、歌詞ができなかった者は他の者に酒をおごる、という遊びさえあったという。生活の歌としての民謡のこうした生きたありさまは、今なお旌善地方にわずかに残されている。

　《旌善アラリ》が全国的な脚光を浴びるようになったのは1970年代以降であるが、1990年代からはそれに拍車がかかった。折しもこの地方は炭鉱の閉山によって産業基盤を失いつつあった。研究者らの発見にもとづく「《アリラン》の源郷」というイメージは、この地方の新しい観光資源となった。現在《旌善アラリ》は江原道指定無形文化財（第1号）であり、年一度の「旌善アリラン祭」でコンクールが行なわれる他、伝授会館での伝承・普及活動、「アラリ村」というテーマパークでの公演などが展開されている。ただ、こうした展開が必ずしも《旌善アラリ》の「保護」に役立っているといえない面も指摘される。特定の保有者、伝授者を置くという無形文化財の制度が、こうした民衆の生活の歌にとって適切とはいえない。また舞台映えする演出、そうした演出にふさわしい演者が求められる傾向も生じている。本当に上手な歌い手は、しばしばシャイで、表舞台に立つことを好まない。

　さて映画音楽として生まれた《アリラン》は1920年代、その映画とともに爆発的にヒットし、一挙に「民族の歌」としての地位を勝ち得た。1930年代には日本でも、翻案ものを含む多くのレコードが発売されたほどであり、その後も多くのアレンジや変奏曲が生み出された（李喆雨 2005の収録曲を参照）。そして2000年代からは、これを「世界の歌」にしようとする、韓国の文化政策の新たな展開がみられる。公演やテレビ放送をはじめ、書籍やCDの刊行、学会の創設、シンポジウムの開催、国内外の巡回展などである（植村 2013: 7。Sheen 2013は国際シンポジウムの論文集）。そのきっかけは日韓ワールドカップサッカー（2002年）およびユネスコ無形文化遺産登録に向けた運動であった。後者はとくに、中国が先んじて《アリラン》を無形文化遺産に登録しようとしているという観測から、韓・中の文化的抗争の様相を呈するに至った（同様の両国の争いはすでに2005年ごろから江陵端午祭という

行事をめぐって始まっていた）。ユネスコ無形文化遺産への登録をきっかけに、民族文化の国家ブランド化、経済資源化をめざす両国の政治的な思惑がここに見え隠れする。

　この争いの過程で明らかになったのは、韓国において「民族の歌」として絶対的な位置を占める《アリラン》と、従来の無形文化財制度の間の矛盾であり、制度の盲点であった。第一に、特定の伝承者や伝承団体が存在しない《アリラン》は、そもそも文化財保護法の適用外とされた。第二に、無形文化財制度の当初の目的が、危機に瀕した伝統文化の救出と応急的保護にあったため、《アリラン》はその対象ではなかった。第三に、無形文化財の理念として求められる「原形」を示すことが、とくに《アリラン》の場合には不可能であった。《旌善アラリ》はたとえ《アリラン》全体の「源流」だったとしても「原形」とはいえないだろう。ただし、この第一の矛盾をもたらしていた規定は、2014年に文化財保護法の一部改正により削除され、これによって《アリラン》の重要無形文化財指定にようやく道が開かれた。逆にいえば《アリラン》が文化財保護法に変更を迫った形でもある。

　韓国が申請した《アリラン》のユネスコ無形文化遺産への登録は2012年に認められた。この時には《旌善アラリ》をはじめとする各地の伝承に、20世紀に新たに生まれた《アリラン》を加えた全体をひとつの無形文化遺産とみなす提案がなされた。このように「大きな《アリラン》」を設定することは、人々にあまねく知られている《アリラン》に、従来の無形文化財の概念である古くからの伝承という要素を接合させ、《アリラン》に正統性を与える方法であった。この登録認可によって、中国に先を越されるという懸念は払拭されたが、2014年には北朝鮮も同じく《アリラン》を登録申請し認められている。北朝鮮の主張は、韓国側がいう「大きな《アリラン》」に自分たちの《アリラン》が含まれていないというものだ。しかし申請前後に両国間で協議が行なわれた形跡はなく、今後もその見通しはない。《アリラン》が現に「民族の歌」であり、さらに「世界の歌」になりつつあるという事実をよそに、《アリラン》をめぐる国家間の争いはまだ決着していないのである。

社会の中の音楽

8 マイノリティ
寺田吉孝
INTRODUCTION

　「怒」という少し近寄り難い名前をもった和太鼓集団が大阪にあることを知ったのは、カナダのバンクーバーを訪れた時だった。私の職場は大阪にあるのだが、聞いたことがなかった。私は、北米に越境した和太鼓の音楽が日系三世の若者たちに「タイコ」として注目されていることを知り、その理由を調べるために、1999年に西海岸を縦断しながら各地のグループに聞き取り調査をしていた。和太鼓は1960年代末に、サンフランシスコに移り住んだ田中誠一さんによって北米に紹介され、彼の教え子たちがグループを結成することで、北米各地に広がった。バンクーバーは、そのようにして太鼓が始められた町のひとつであり、現在でも複数のグループが活発に活動している。この町の主要グループ「ウズメ太鼓」のメンバーに話を聞いていた時、「大阪から来たのなら、イカリというグループを知っているだろう」と逆に質問された。イカリは、1995年にバンクーバーで開催された日加マイノリティ・フォーラムに招かれて公演を行ない、その場にいた人々に深い感銘を与えたのだという。ウズメ太鼓のメンバーは、このグループの出自や活動の目的に大きな衝撃を受けた。北米で差別されてきた日系人が主流社会の偏見に立ち向かうための手段のひとつとして広まったタイコは、彼らにとって解放の音楽だった。しかし、日本でその楽器を作ってきた職人が、被差別部落出身者として長く差別や偏見にさらされたという事実を突きつけられて、日系社会で被差別部落の問題がまったく知られていないという歴史の闇に思いを馳せた。この経験から、ウズメ太鼓は被差別部落民をテーマにした音楽寸劇を作り、学校公演などで演じるようになる。

写真8-1　バンクーバーで初めての海外公演をする「怒」（1995年）。
写真提供：太鼓集団「怒」

　帰国後ほどなく太鼓集団「怒」の演奏にはじめて接する機会があったはずなのだが、それがどこだったのか思い出せない。それなのに、そろいの法被をまとった若者たちの凄まじい気迫に圧倒されたことを、私の身体は不思議なほど鮮明に記憶している。ただものならぬ迫力の背後に、私がまったく知らない強烈ななにかが潜んでいる。音の洪水にさらされていた私の身体は、感覚としてそのように理解した。

　それ以来、私は15年以上もの間、このグループのファンの1人として繰り返し彼らの演奏に接し、その度に圧倒され続けている。それと同時に、その経験を通して音楽のもつ人の情念を揺さぶる力について考えさせられた。被差別部落で伝承されてきた独特の打ち方や演目といったものは存在しないし、彼らの演奏する音楽の構造やスタイルが、他のグループに比べ特段異なっている訳ではない。では、この演奏家集団が与えるインパクトはなぜこれほどに強烈なのだろうか。この問いへの答えを見つけるために、気の長い、そして幸せな「追っかけ」を続けている。

I. マイノリティと音楽

マイノリティと呼ばれる人々が、様々なジャンルの音楽にかかわり活動していることは、これまでにも数多く報告されている。世界最大の音楽芸能学会である国際伝統音楽学会（International council for traditional music）の中にも「音楽とマイノリティ」（music and minorities）を専門にあつかう研究グループがあり、このテーマは民族音楽学の下位分野としてすっかり定着した感がある。この研究グループは1999年にヨーロッパで結成され、これまでに8回の国際シンポジウムを開催してきた。毎回シンポジウムの成果に基づいた論文集を刊行することで、世界各地のマイノリティの音楽に関する事例を紹介し、民族音楽学における理論的な貢献に向けた議論を行なっている（Ceribašić; Haskell 2006, Jurková; Bidgood 2009, Hemetek; Marks; Reyes 2014など）。

マイノリティの定義はさまざまであるが、ここでは、上記の研究グループによる「支配的集団から、文化的、民族的、社会的、宗教的、経済的な理由によって区別しうる集団」という定義に従う（Hemetek 2001: 21）。この定義の要点は、マイノリティは、マジョリティ（支配的集団）との「区別」によってはじめて実体化する集団であるため、単独で存在することはないという点にある。しかし、より重要であるのは、同グループの副会長を務めるアデライダ・レイェスAdelaida Reyesが補足的に指摘するように、両者間には不均衡な力関係が存在し、その関係が両者間の「区別」に一定の価値や意味を付与するだけでなく、それらに基づく行動や行為を可能にしている点である（Reyes 2001: 38）。

マイノリティが、支配的な文化から受ける抑圧によって生み出される感情は複雑で深い。彼ら自身がうまく表現できないためにいらだちを覚え、当事者でなければ理解できないと感じてコミュニケーションの回路を閉じてしまうこともある。しかし、このような語ることのできない感情に後押しされて、ときには止むに止まれぬ思いに突き動かされて、音楽や芸能にかかわる人々がいることは確かだ。

では、実際にマイノリティはどのように音楽にかかわっているのだろうか。音楽への関与は、彼らの自己イメージとどのような関係をもつのか。音楽のいかなる要素が彼らの音楽とのかかわりを可能にしているのか。マイノリティの音楽実践は、彼らの政治活動や社会運動とどのような関係をもつのか、また、音楽によってマイノリティとマジョリティとの関係は変化しうるのか。

このような関心から、1990年代には主に北米に住むアジア系の人たち、2000年代からは日本のマイノリティ集団の音楽活動について調査を進めてきた。複数の事例にかかわってきたのは、マイノリティと音楽の関係について、何らかの共通点（普遍性）を見いだしたいという「学術的な」目論みとともに、他者の私がマイノリティの音楽にかかわる意味や可能性について考えたいという「個人的な」意図もあったように思う。

マイノリティの音楽を研究する際に、彼らが抱える様々な問題と、民族音楽学者はどのように向き合うべきなのか。そのような問題にコミットするとは一体何をすることなのか。研究の中立性をどのように考えるのか。これらの検討課題は、必ずしもマイノリティの音楽研究に限られているわけではないが、マジョリティ―マイノリティの関係が構造的に非対称であると考えるのならば、マジョリティに属する研究者がマイノリティの音楽を研究することの可否、意義、利点、限界などの検討は避けて通れない。

以下、本章では、私が長年かかわってきた大阪市浪速区の和太鼓集団を例として、これらの問題を考えてみたい。

2. 大阪の被差別部落と太鼓

日本には少なく見積もっても数千の和太鼓グループが存在するといわれている。和太鼓は、長い歴史をもつと考えられがちだが、実は1950年代に創られた新しい音楽ジャンルである。60年という比較的短い期間に日本中に広がり、いたるところで演奏に接することができるようになった。地域を拠点にして活動するグループ、学校や企業のグループ、メンバーの年齢、性別などに一定の制限を設けているグループ、特定の目的で活動するグループなど、

多種多様である。中には、鼓童のように世界各地で公演し、演奏スタイルにおいて大きな影響力をもつプロ太鼓集団も存在するが、これらは全体から見ればごく一部の例外である。大多数の打ち手は、学校に在籍したり、他に仕事をもちながら活動を続けている。音楽を生活の糧にしないという点で、彼らはアマチュア演奏家なのだが、娯楽や趣味といった表現が喚起する気楽なイメージに反して、自由時間のほとんどすべてを太鼓に費やすような熱狂的な打ち手たちが、実は非常に多い。

　本章で検討する、太鼓集団「怒」は、このようなアマチュア・グループのひとつであるが、活動の目的において、また打ち手のマイノリティとしてのアイデンティティを前面に出している点で、他の太鼓グループとは大きく異なっている。「怒」は、1987年に大阪市浪速区の被差別部落で結成された。この地域は、江戸時代から皮革産業の中心地であり、生皮の集積地として、西日本各地と交易関係があった。ウシの皮を用いる和太鼓作りも、被差別部落の地場産業として発達した。浪速は太鼓づくりの町として知られ、ここで作られた太鼓は、大阪府やその周辺だけでなく西日本各地の神社仏閣や地域の祭礼で演奏されてきた（「浪速部落の歴史」編纂委員会 2002）。また、浪速には、部落解放同盟の有力な支部が存在し、この支部の文化活動が発展して、「怒」の結成に繋がったという経緯もある。グループの設立に尽力し、今も代表を務める浅居明彦さんは、この支部の支部長である。

　「怒」の設立の背景には、太鼓づくりの職人たちが、日本文化の重要な一部分を担ってきたにもかかわらず、彼らの貢献は認知されず、逆に差別の対象となってきたという認識がある。彼らに、より光が当たるような社会を作るためには、部落差別問題について多くの人

写真8-2　国立民族学博物館での公演「揺さぶる力」（2010年）。
Macskovich Marko Szilveszter撮影

たちに考えてもらう必要があり、そのきっかけを太鼓の演奏を通して作ることが当初の目的であった。この目的は、現在でも継承されており、彼らが演奏を行なう際には、公演に先立ってグループ結成の背景について説明することが条件となっている。

　私は1人のファンとして彼らの演奏に足しげく通ううちに、徐々にメンバーと接触し、話をするようになった。何人かのメンバーとは地元の飲み屋で交流するようになり、演奏会の打ち上げなどにも呼んでいただけるようになった。その中で、メンバーたちの太鼓に対する思いの深さ、激しさに圧倒されると同時に、その情熱を支えている彼らの情念をより深く知りたいと思うようになった。

　民族音楽学では、地域や集団ごとに固有の音楽的特徴があるという前提のもとに、その特徴を明らかにし、また他地域・集団との比較に基づいて文化の伝播や変容などについて考察することに関心を寄せてきた。しかし、「怒」の場合、このような音楽的固有性を前提とすることはできない。和太鼓は1950年代に創られた新しい演奏ジャンルであり、「怒」が演奏する太鼓のスタイルも、被差別部落に伝承されてきたものではない。太鼓演奏の基礎（練習、演奏の組み立て、演出、曲づくりなど）についても、外部のプロ演奏家から薫陶をうけた。また、地元の夏祭りで演奏される太鼓のリズムは独特であるが、それを和太鼓の演奏に取り入れているわけではなく、また他に部落特有のリズムや演目が伝承されてきたわけでもない。それでは、このグループの特性を、何に求めるのか。

3. 思いのドキュメント

　私は、このグループの結成や活動の背景にある、打ち手やサポーターの思いを詳細にドキュメントすることが重要であると考えるようになった。マイノリティの精神的苦痛と一言で語られる状態は、一人一人の個人的な体験の総体であって、それ以上ではない。日々の様々な経験の中から徐々に結晶化されていくそれぞれの思いを、できるだけ個別に記録したかった。「怒」は、あらゆる差別に反対するという活動目的を掲げているが、そのスローガンと

打ち手たちの思いはどのように交差するのか。運動としての側面をもつ集団の音楽活動が、個人のアイデンティティとどのような関係を切り結ぶのかは、マイノリティの音楽を研究する上でも重要なテーマである。個人のマイノリティとしての意識は、集団のアイデンティティとの相互作用の中で作られ、維持され、変化していくと考えるからだ。

　「怒」の打ち手たちは、太鼓作りの町を背負っていることへの誇りと責任感をもっている。彼らが、地元の部落コミュニティを「世界一の応援団」であるというとき、それは太鼓に対する愛着だけを指しているのでは決してない。演奏が終わった後に、普段は接触することの少ない年配者からかけられる声や彼らの表情から、打ち手たちは以前の差別に思いを馳せる。あからさまな差別が横行していた時代には、直接的な差別に対して沈黙するしかなかった。その悔しさや怒りは、身体の深層に溜め込まれ、コミュニティ内に沈殿したが、世代間で過去の差別が語られることは少なかった。「怒」の設立メンバーでさえ、ひとつ前の世代が経験したような露骨な差別を体験したことはないという。それでも、部落に対する差別・偏見の存在は、多くのメンバーが感じているところである。

　この意味で、「怒」の活動は、部落内の世代間の交流、思いの伝達に貢献している。あるメンバーは、「生きる勇気もろたわ」とわざわざ言いにきてくれたお年寄りの言葉と表情が忘れられない。また、一言もしゃべらないが、彼らの演奏をいつも見に来る「先輩たち」の眼差しから、「怒」のメンバーはコミュニティの歴史に潜む沈殿した思いについて考え、またその思いを活動のパワーにしている。

4. 映像番組をつくる

　このような様々な思いを記録する媒体として、私は映像音響メディアを選んだ。当事者の思いを自らの声で語ってもらうために、インタビューを軸にして番組を構成することにした。インタビューは、いわゆるフリースタイルで、聞きたいことは前もって考えていたが、あくまでその場の流れを重視して話をしてもらった。通常のドキュメンタリー映画などに比べ、かなり長い

時間をかけて話を記録した。新旧のメンバー14人に時間をとってもらい、1人ずつ話を聞いていった。短い人で45分、長いときは3時間近くになったこともある。メンバーの濃密なナラティヴの世界は、いまでも鮮明に私の記憶に残っている。目の前で、太鼓に魅了された経緯や、差別の体験、「怒」の活動への熱意が、次々と語られていったのだが、ここでいう「語り」は言語化されたテキストに限らない。彼らの身体を通して醸し出される空気のようなものはきわめて雄弁であり、映像音響メディアを使って、この空気をいかに忠実に記録できるかが最大の課題だった。

　それまでのマイノリティの音楽実践の調査から、新しい文化を創る第一世代と、彼らの演奏に魅かれて入門してくる第二世代以降では、音楽にかかわるときの意識に大きな差があり、その差異が、その後の音楽活動の展開に大きく影響することがわかっていた。「怒」の創立メンバーも世代間の意識のズレには敏感であり、思いを記録するプロジェクトに賛同してくれた。ごく当然のことだが、彼らの全面的な協力があったからこそ、番組を完成することができた。

　このような映像番組は、ひとつのグループの歴史を記録しているにすぎないといわれるかもしれないが、そのグループの活動が大きな流れに成長していくことがある。「怒」の活動は、他の解放同盟の支部にも飛び火して、いくつものグループが結成された。しかし、それまでの解放運動の負の遺産として支部間のライバル意識が存在し、各支部に拠点をおいていた太鼓グループ間でも交流がほとんどない時期が続いた。この状況を大きく変えたのが、「怒」が中心となって1999年に開いた「鼓色祭響」公演であった。様々な抵抗に遭遇しながら、公演を成功に導くことで、協働が可能であることを具体的に示した。初期の「怒」のメンバーの中には、この活動に部落解放運動の活路を見出すものもいる。音楽活動を通して、大阪の部落社会内での人の繋がり方が少しずつ変わっていった。複数の太鼓グループをまとめあげる営為は、新しい部落コミュニティを作る過程でもあったのだ。その根っこの部分を記録することは、音楽と社会の接点を研究する上で重要であるだけでなく、その重要性は当事者の多くも認めるものであった。

5. マイノリティと／をつなぐ

　「怒」の活動は、マスコミでも取り上げられ、「差別と戦う太鼓」という側面が強調された。このイメージのためか、一般の聴衆を対象とした公演の機会には恵まれず、人権意識の高い人たちが集まる場での演奏が主となっている。長年関西に住んでいる私が、国外のタイコ・グループから教えられるまで、「怒」の存在を知らなかったのも、彼らの活動場所が制限されていたからである。しかし、この状況は、グループ設立の目的から考えれば不幸な展開である。では、我々に何ができるのか。

　私が「怒」の映像番組を作ったのは、関係者の思いを詳細に記録することが主目的だったが、より多くの人々に「怒」の活動を知ってもらうきっかけを作ることも最初から念頭においていた。この番組は、国立民族学博物館のビデオブースで常時見ることができるほか、コピーを全国の主要図書館、大学などにも配布している（寺田 2013）。番組の英語版を合わせて作ったのも同じ理由である。世界各地でマイノリティとして音楽活動をしている人たちに、「怒」の活動を知って欲しかった。

　マイノリティは、自分たちの居場所を確保することに追われて、他のマイノリティがおかれている状況について学ぶ余裕がない場合がある。私はできるだけ番組を上映する機会を見つけて、マイノリティ同士が交流できるきっかけを作るように心がけている。2011年に南インド、マドラス大学で上映会を開いたときには、太鼓の演奏でカーストに基づく差別に抵抗することを試みているダリット（不可触民）の学生たちが熱心に日本の被差別部落について質問をしてくれた。この年には、北米カリフォルニア州で開かれた全米タイコ会議でも上映会を開いた。北米では、日系やアジア系への差別・偏見に対抗する手段としてタイコの演奏が位置づけられていたこともあり、「怒」の活動への関心は高かった。聴衆の中から、「怒」の活動に強い関心を寄せ、来日時にグループを訪れる北米の太鼓打ちたちも現れた。

　2015年には、イギリスのエクセター市で開かれた英国タイコ祭りに招待され、「怒」を中心に組織された被差別部落の太鼓グループが公演を行なった。

私も同行して、公演前に映像番組を上映してから、公演を見てもらった。演奏前にグループ結成の背景を周知するのが、「怒」の方針であるから、この上映会もその延長上にあると考えることができる。2012年、祭りの主催者が来日した際に、映像番組を見てもらう機会があり、「怒」の活動

写真8-3　マドラス大学での上映会で「怒」の映像番組を見るインドの学生たち（2011年）。寺田撮影

に興味をもってくれたことが始まりだった。被差別部落の太鼓打ちたちが国外の新しいオーディエンスの前で公演できる機会を作ることに、映像番組が少しでも貢献できたことは、私にとって大きな喜びである。幸い、公演は大成功をおさめ、「怒」と祭りに参加したイギリス、ドイツ、北米の太鼓打ちたちとの交流が始まった。

　このような活動は、アカデミックな研究ではないという人もいるだろう。研究の中立性が担保されていないと批判されるかもしれない。しかし、研究者が積極的に音楽の現場に関与していく姿勢は、学界でも徐々に認められるようになっており、民族音楽学の応用的側面に関する書籍や論文もかなりの数に上っている。これは歓迎すべき現象ではあるが、「理論」と「応用」という二項対立的な位置づけは概ね温存されたままである。

　マイノリティと音楽の研究で、さしあたり民族音楽学者ができることのひとつは、時間をかけてコミュニティとの関係を続けていくことだろう。民族音楽学者が研究対象から得る情報は事例として研究者コミュニティで消費されるが、当事者に共有されることは未だに少ない。文字資料や映像資料のコピーを渡すことは最小限の義務であっても、十分ではない。ましてや、「社会還元」の証拠作りであってはならない。映像音響メディアは、マイノリティ・コミュニティとの交流や情報共有のハードルを格段に下げてくれる。情報の共有に基づく不断の交流から生み出される知見は、古典的な意味での

研究ではないかもしれないが、そのような研究を必要としているのは一体誰なのだろうか。現代の民族音楽学は、真剣に問わなければならない。

コラム6
映像記録と録音

藤岡幹嗣

●はじめに

　映像を用いた芸能の記録は、映像（映画）が誕生した当初から行なわれている。ただし、見た目として珍しいものを映像化し知人に見せたいという行為と、芸能自体を何らかの目的において映像記録化する行為は、そもそも異なった行為である。ここでは後者について話を進めることとする。またここでの映像とは動く実写映像のことであり写真は除く。

●映像の特性

　なぜ映像が芸能の記録を行なう際に有利であるのか、それには映像がもつ特性が大きく関係している。映像のもつ特性とは、記録性・表現性・大衆性と保存が可能なことなどである。まず記録性については、そもそも映像は光のあるところでスタートボタンを押して止めるまでを記録するので、被写体とカメラは時間と空間を共有することとなり被写体が存在していたことの証となる。一方で表現性については、映像はフレームやモンタージュ（映像の並べ方）などによって、様々な時間や空間の創造が可能であるため、芸能の映像記録の際に過度な表現（演出）を加えることは、芸能の内容を変化させてしまう危険性があり気をつけるべきである。

●基本的な撮影方法

　実際に撮影を行なう際に、どのようなことを意識する必要があるかを説明していく。実際の撮影は目的と状況に応じて変化するため、ひとつの決まった正解は無い。そのため、ここではカメラの機能をもとに1台のカメラで撮影する場合のきわめて基本的なポイントとして、1）カメラポジション、2）レンズ、3）フレーム、そして4）録音を取り上げる。

　第1のカメラポジション（どこにカメラを置くか）が最初に重要なことである。カメラポジションを考える上で重要なのがサイズ（被写体をどの大きさで切り取るのか）である。サイズには、被写体が小さく周辺との関係がわかるロングショットから被写体を大きく捉えるアップショットまでの範囲がある。芸能の撮影の場合、概ねフルショット（被写体全体を画面いっぱいに捉える画）を基本として、さらにロングショットとアップショットを使い撮影するのが基本であろう（**写真C6-1～3参照**）。ただし、ロングショットやアップショットを必要としない場合はフルショットのみで撮影することもある。また例外として、ひとりでの歌や口琴の演奏などはフルショットを基本とせず、ウエストショットからアップショットの範囲でサイズを決めて動かさずに撮影することもある。このサイズに対する意識と、背景や音の環境を考慮しながらカメラポジションを決定する。

　第2のレンズの重要性も理解する必要がある。レンズの種類には広角域、標準域、望遠域の3種類がある。それぞれのレンズには光学的な特徴があるが、それについては映像制作や撮影のマニュアル本を参照することをおすすめする。ただ芸能の撮影において注意する点として、ズームを多用しないことを挙げておく。ズームを多用すると、撮影時には気付きにくいが、撮影した映像の再生を客観的に見る人に、視覚的な違和感を与える場合が多い。

　第3に重要な点がフレームである。近年一般的なものは縦横比が16：9のものである。芸能の撮影においてフレームを意図的

写真C6-1　ロングショット。藤岡撮影

写真C6-2　フルショット。藤岡撮影

写真C6-3　アップショット。藤岡撮影

に使うために意識することは、1フレームは1テーマと考えることである。たとえば添付の写真の場合は、写真C6-1はどのような場所で演奏をしているのか、写真C6-2はどのような演奏なのか、写真C6-3はどのような楽器なのかというテーマに基づきフレームを決めている。また、撮影中にズームやキャメラを動かすことでフレームを変えることは多いが、その操作は次のテーマへの移動であり、テーマを決めずに移動すると何を撮っている映像なのかわからなくなる。

　第4の録音についても触れておく。先述したキャメラポジションの選択と最適な録音環境が一致することは難しい。可能であれば、機器を別途用意して録音し編集時に同期するか、キャメラとマイクロホンをケーブルでつなぎそれぞれを離して録音する方が録音には有利である。しかし実際には1台のキャメラで画と音を同時に撮影・録音することが多いため、使用するキャメラが旧式の場合は付属の外付けマイクロホンを購入し使用することを推奨する。マイクロホンには様々な特性があるが、そのひとつが指向性である。マイクロホンの指向性とは、そのマイクロホンがどの範囲の音を録音出来るかという特性で、マイクロホン周辺の音をすべて録音するもの（無指向性）や、マイクロホンが向いている方向の音だけを録音するもの（単一指向性や超指向性）などがある。この指向性については近年の家庭用キャメラの内蔵マイクロホンでも選択が可能な製品があるので、使用する機器を確認していただきたい。

　以上で芸能の撮影の際に意識すべきわめて基本的なポイントを述べたが、実際の撮影で、それらを実践することは容易では無い。予測不可能な撮影現場を迎えるために、必ず準備をしっかりしておくことが重要である。その準備とはバッテリーは充電出来ているか、バッテリー充電器はもっているか、収録メディア（カードやテープ）

は充分あるかなど、非常に基本的な内容の確認である。

●様々な注意点

さて、ここまでは撮影についての話を中心に進めてきたが、最後にその他の意識すべき点にも触れていきたい。まず常に問題となるのが記録した内容の信憑性である。それは撮影者側による演出だけでなく、パフォーマー側が撮影を意識して通常とは異なる内容で演じることがあるからである。その可否の判断は映像の目的に委ねられる。芸能の紹介をしたいのか、芸能の継承を目的とするのか、誰か個人の視点から作品化するのかなどの目的を明確化するべきである。また、撮影した映像の権利関係や活用についても意識していただきたい。芸能によっては、撮影は可能でも公開や発表が困難になる場合がある。これらの様々な問題を念頭に置きながら、パフォーマーや関係者との相互理解を心掛けた上で映像記録化の作業を進めることが望ましい。

こうして制作された記録映像は、年月が経つほど重要性が高まる。しかし映像の保管については媒体の変化が激しく、現在のところはデータ化し保管することが最良であるが、そのハードディスク他の耐用年数はまだ不明である。したがって、とくに貴重な映像は、いくつかの媒体にバックアップを取りながら保管すべきであろう。そして、その映像を長期間保管することが出来れば、それは"未来への贈り物"となるのである。

9 越境・ディアスポラ

早稲田みな子

INTRODUCTION

　私が日系アメリカ人に興味を抱いたのは、留学先だったカリフォルニア大学サンタバーバラ校で履修した「アジア系アメリカ音楽」（Asian American Music）というタイトルの授業がきっかけだった。のちに私の博士論文の指導教員となる香港出身のジョセフ・ラム（Joseph S.C. Lam）教授の授業で、そのレポートを書くにあたって紹介されたのが、日系二世のタケダ夫妻だった。タケダ夫妻は、当時70代前半くらいだったと思う。2人とも日本民謡や民舞を習っているということで紹介された。ご自宅を訪ねると、部屋の中には扇子や日本人形など、日本的なものがたくさん飾られていて、池には鯉がいた。2人は流暢な日本語を話し、日本人と変わらないように見えたが、日本人以外とは英語で会話し、またお寿司を食べながらコーラを飲んでいたのにびっくりした覚えがある。ご主人は、ヒロシ（通称ヒロ）、奥様はヘレンさんといった。日系アメリカ人についてまったく無知だった私は、日本人以上に日本的に見えながら、アメリカ的な部分ももち合わせているこのご夫妻に関して、頭が疑問符でいっぱいになった。ヒロさんは日本で学校教育を受けた、いわゆる帰米二世で、原爆投下のとき広島にいたため被爆手帳をもっていた。あるときヒロさんは、サンタバーバラから車で1時間ほどのところにあるオクスナード仏教寺院の「藤祭り」に私を連れて行ってくれた（藤祭りは仏教の灌仏会である花祭に対応するもの。この地では藤色のジャカランダが咲くので、こう呼ばれる）。そこでは生け花の展示や剣道のデモンストレーションなど、様々な日本文化が紹介されていた。中でも私が驚いたのは、地元の日本舞踊の会によるデモンストレー

写真9-1　サンタバーバラの夏至のパレード（Summer Solstice）で阿波踊りを披露する日系二世のヒロ・タケダ氏（1918-2003）。タケダ氏から踊りを習った学生や社会人など地元の有志たちが、はっぴや浴衣姿であとに続く。1995年6月24日撮影。マイク・タケダ氏提供

ションだった。私の期待に反して演目は古典ではなく、演歌や新民謡を使った「歌謡曲舞踊」ばかりだった。せっかくアメリカで日本文化を紹介する良い機会なのに、なぜ「歌謡曲舞踊」なのか……？　私が当初そこで期待したのは、非日本人に対する日本伝統文化の紹介だった。しかし、後になって気付いたのは、「藤祭り」はあくまでも地元日系人の仏教行事であり、そこで披露されていたのは彼らの中に根付いている日本文化、いわば日系アメリカ文化だったということだ。彼らはアメリカの中で日本を代表しているわけではなく、「日系アメリカ」という独自の存在であるのだ。

　私はその後、南カリフォルニアの日系人の音楽を博士論文のテーマに選び、タケダ夫妻のような二世、さらにその親、子供、孫の世代についても知ることになった（Waseda 2000）。アメリカ黒人音楽を学びたいと思って留学し、ゴスペル音楽について修士論文を書いた自分は、ここで大きく方向転換したつもりでいた。アフリカ系アメリカ人と日系アメリカ人が、同じディアスポラという概念で捉えることができるとわかったのは、後になってからだった。

I. ディアスポラと音楽民族学

　ディアスポラという言葉は、「四散」という意味のギリシャ語dia-spora（なお、まき散らすという動詞の原形はdia-speirein）に由来する。かつてはユダヤ人、ギリシャ人、アルメニア人の離散に対してもっぱら使われていたこの言葉は、1960年代までには世界中に点在する中国系、インド系コミュニティを指しても使われるようになり（Allen 2012: 52）、20世紀末までにはアフリカ・ディアスポラAfrican diasporaという言葉の使用も目立つようになった（Monson 2003: 1）。国外追放、虐待、喪失と結びつき悲劇的なニュアンスをもっていたディアスポラは、こうして今日、祖国から離散した人々とその子孫の社会や文化をさす言葉として広く使われている。それは、宗教的・政治的迫害、奴隷制などの強制的な理由による離散だけでなく、植民、労働移民、貿易目的による移住など、自主的な理由による離散も含む。音楽民族学（民族音楽学）においても、1990年代以降ディアスポラは研究対象として注目されるようになり、1994年には学術誌『ディアスポラ』でディアスポラの音楽が特集された（Tölölyan 1994）。

　アフリカ・ディアスポラのひとつであるアフリカ系アメリカ人の音楽は、ディアスポラの語が一般化する以前から音楽研究者の関心を惹きつけていた。初期の研究の目的は、アフリカ系アメリカ音楽におけるアフリカ的特徴を明らかにすることだった。アフリカ文化が新大陸にもち込まれ、ヨーロッパ系文化と融合した結果、黒人霊歌、ブルース、ジャズなどのアフリカ系アメリカ音楽が生まれた。音楽民族学者たちは、異文化が接触することによって起こる文化融合（シンクレティズム syncretism）を説明しようとしたのである。各民族の音楽的固有性を描くことを重要視してきた音楽民族学において、アフリカ系アメリカ音楽のハイブリッド性が早くから研究対象とされていたことは、注目に値する。

2. 文化融合と音楽的適合性

　メルヴィル・ハースコヴィッツMelville J. Herskovits（1895-1963）と、彼の弟子、リチャード・ウォーターマンRichard Waterman（1914-1971）は、音楽的適合性（musical compatibility）が、音楽的文化融合の重要な条件であると理論づけた。つまり、2つの音楽の間に共通性があるとき（たとえば音階や多声性など）、その融合が起きやすいとする理論である（Myers 1993: 419）。同様の理論は、アラン・メリアムAllan P. Merriam（1923-1980）（Merriam 1955）やブルーノ・ネトルBruno Nettl（Nettl 1978、1983）によっても支持され、音楽民族学において広く受け入れられてきた。

　ネトルはさらに、音の適合性だけでなく、音楽行動（音楽の伝承・学習など）や音楽概念・認識（音楽に関する価値観など）における適合性も、文化融合の条件として考慮に入れるべきであると主張した（1978: 126）。音の適合性よりも音楽行動の適合性が大きく機能した例が、日本のフラの受容である。それは、フラの学習に対して日本伝統芸能の家元制度で使われてきた方法が応用されているからである（Kurokawa 2004: 126-163）。このように異文化接触の結果起こりうる現象は多様であり、音楽的融合はそのうちのひとつでしかない。

　一方、異文化接触に関する研究の広がりとともに、音楽的文化融合の重要な決定要因としての「音楽的適合性」に疑問の声も上がってきた。たとえばマーガレット・カルトミMargaret J. Kartomiは、文化変容を促す初期的・継続的刺激は通常音楽外的であると指摘した（Kartomi 1981）。日本や中国における西洋音楽受容が、それぞれ近代国家形成のための西洋化政策によって推進されたことを考えれば、音楽的適合性よりも音楽外的要因、この場合国家政策が、異文化受容や文化融合において重要な条件であったことは容易に理解できる。

3. ディアスポラ文化を読み解く

　その後のディアスポラ研究の展開は、ディアスポラ文化がハイブリッド性だけでは説明できないことを明らかにした。たとえばディアスポラにおいては、祖国や祖先の文化に対する愛着が本国の人々以上に強いという例が多く見られる（Mackerras 2005: 224）。遠く離れているからこそ、ルーツ文化を失うまいとする心理が強く働く。前述のタケダ夫妻の家の日本的なインテリアや、彼らの日本民謡や民舞に対する深い愛着がその例だ。本国では失われたものが、ディアスポラで生き残るというケースもある。アパラチア山脈で保存されてきた古いイギリス民謡や、カイロのカライ派ユダヤ教徒の伝統音楽などがその例だ（Hirshberg 1990）。ディアスポラにおけるルーツ文化の再生・維持は、そこにハイブリッド性が顕著に見られないとしても、ディアスポラ文化のひとつのあり方として重要である。そこにはディアスポラに特有の心理（たとえばルーツとの繋がりへの強い欲求）や、文化的意義（たとえば自己の民族的アイデンティティの確認や表出）があるからだ。

　アフリカ系アメリカ人が異文化融合を通じてジャズやブルースなどの新しい音楽ジャンルを生み出してきたのに対し、アジア系アメリカ人の文化には、それらに相当するようなオリジナルの音楽ジャンルは見当たらない。アジア系の楽器を用いたジャズ・フュージョンもあるが、そのような音楽はアジアの国々にも見られ、音楽内容的にディアスポラに特有とはいえない。では、アジア

写真9-2　真言宗ハワイ別院（ホノルル市）の盆踊り。ハワイやカリフォルニアの日系社会では盆踊りが盛んで、bon dance という言葉が定着している。右端の紅白の幕がかかっているのはホノルル福島盆ダンスクラブ所有の櫓。2000年8月12日。早稲田撮影

系アメリカ人のジャズ・フュージョンにディアスポラ文化としての重要性がないかというと、そうではない。たとえば、日系三世を中心とするジャズバンド、ヒロシマの音楽における邦楽器の使用は、多民族国家の一マイノリティとしての自己表現である。そして、さらに重要なのは、アメリカ社会においてヒロシマの音楽は、アジア系文化を代表する役割を担っているということだ。アジア系アメリカ人がジャズの主流で活躍することは不可能だと長らく考えられていたなか、ヒロシマがビルボード誌のヒットチャートに上るほど有名になったことは、アジア系アメリカ人にとって大きな出来事だった。白人優位社会アメリカにおける彼らの音楽は、ヒロシマというバンドの音楽である以前に、アジア系アメリカ音楽として認識され評価される。そして、ヒロシマ自身、アジア系アメリカ社会に対する責任を自負している（Omi 1981-2）。このように、音楽そのものだけでなく、音楽にかかわる経験、認識、行動にも注意を向けることが、ディアスポラの音楽文化の理解には重要である。

　ジョセフ・ラムは、「発見手段としてアジア系アメリカ音楽を考える」（Embracing "Asian American music" as an heuristic device）と題した論文の中で、音楽様式に基づいて「アジア系アメリカ音楽」を限定することを批判した。アジア系アメリカ人が実践する音楽は、実際に多様である。西洋音楽だけを実践する人もいる。したがって、そこにつねに、アジアやアメリカの要素を見ようとする態度は、自体をすでに色メガネで見ていることになる。ラムは、アジア系アメリカ人の経験を反映するあらゆる音楽を「アジア系アメリカ音楽」と捉え、彼らの音楽経験の意味とその背景を発見する手段とし

写真9-3　ウエスト・ロサンゼルス仏教会の盆踊り。寺に面した道路で大きな楕円を作って踊る。境内には輪投げなどのゲームやテリヤキ、チリ・ドッグなどの食べ物のブースが並ぶ。2011年8月13日。早稲田撮影

てこの用語が使われるべきであると主張した（Lam 1991）。このアプローチは、ディアスポラの音楽全般に関して有効だろう。

4. エスニック・アイデンティティと音楽表現

　エスニック・アイデンティティは、民族的な系譜だけでなく、本人の意識によっても決定される（Mackerras 2005: 233）。祖先に複数の人種をもち、たとえば日系の血が4分の1しかないとしても、本人が自分を「日系人」として意識していれば、それを他人が否定することはできない。音楽においても、音楽的な内容そのものよりも、それにかかわる人々の意識が、その表現の文化的・民族的位置づけにおいて重要である。たとえば、組太鼓（複数の和太鼓による合奏音楽）のレパートリーは、日本でもアメリカでも多様であり、単にその表現内容から「日本的」あるいは「アメリカ的」というレッテルを貼るのは困難だ。しかし、少なくとも1970年代のアジア系アメリカ運動（マイノリティ運動のひとつ）の中から生まれた日系三世の太鼓グループにとって、組太鼓は、アングロ系でもアフリカ系でもなく、また日本人でもない、「日系アメリカ」という独自のアイデンティティの表現だった。

　一方、当事者の意識にかかわらず、その音楽実践からディアスポラ的な経験や意味を見出せるケースもある。たとえば、ハワイの日系人は現在、五世、六世の時代に達しており、ハワイ音楽やフラの世界で活躍する人も少なくない。しかし、彼らはハワイの芸能に携わるにあたって、

写真9-4　ハワイ日系五世の音楽家、マーク・ヤマナカ。ハワイのグラミー賞といわれるナ・ホク・ハノハノ賞にて「最優秀新人賞」（2011年）、「最優秀男性ボーカリスト賞」（2011年、2014年）、「最優秀アルバム賞」（2011年、2014年）、「最優秀楽曲賞」（2011年）、「最優秀ハワイアン・アルバム賞」（2014年）、最優秀シングル賞（2014年）を受賞し、一躍ハワイを代表する音楽家となった。写真提供：マーク・ヤマナカ

「日系」ということをとくに意識しているわけではない。また周囲からも、そのような目で見られてはいない。このように現地文化に同化している場合、ディアスポラの概念はもはや無効かというと、そうではない。なぜならその背景には、一世の時代から現在にいたるまでのハワイ日系人の文化変

写真9-5 余暇にウクレレを楽しむ日系兵士たち。太平洋戦争中に結成された日系人部隊、第442連隊の7割以上はハワイからの志願兵だった。二世の彼らの間にもハワイの楽器や音楽が浸透し始めていた。"The Album: 442nd Combat Team 1943"（1943年出版の第442連隊メモリアルアルバム）より。ボロー白片氏所蔵

容、日系人とハワイアンの間の人種関係・人種間感情の変遷、人種を越えた「ハワイ・ローカル」という意識（エスニック・アイデンティティを越えて共有される「土地の人」という意識）の形成（宮崎 2004）など、様々な日系ディアスポラの経験があるからだ。日系人がハワイ文化に同化するプロセスそのものが、当事者の「日系」意識の有無にかかわらず、ディアスポラの文化現象として重要なのである。

5. ディアスポラ文化の多様性

　ディアスポラの音楽文化を理解するには、移住・離散以前の音楽文化、移住先の音楽文化、そして両方の土地の歴史的・文化的・政治的諸条件とその関係性、さらにそれらの諸要素の時間的変化に目を向ける必要がある。同じ国からの移民でも、移住の時期によってその状況や受入国の対応は異なるし、同じ時期に移住しても、どこに移住したかによって、祖国の文化との繋がりや、移住先の文化への同化の度合いは異なる。ハワイとカリフォルニア

写真9-6 ハワイ松竹オーケストラ。戦後活躍したハワイの二世楽団のひとつ。右端はリーダーのフランシス座波（1914-1949）。日本の流行歌のカバーの他、流行歌調のオリジナル曲も演奏した。ステージ・ショーのほかレコード制作も行ない、人気を博した。1940年代末頃の撮影。ボロー白片氏所蔵

の日系人の文化の違いがその好例だ。両者はいずれも、主に19世紀末から20世紀初頭の労働移民を祖先とするが、ハワイ日系人は、第二次大戦までにハワイ全人口の3割以上を占めるに至っていた（その後減少し2000年で17％弱。それでも州全体の約39％を占めるアジア系のうち最多）。一方、カリフォルニアの日系人は、常に州全体の人口の1～2％で、2000年には0.8％に減少している。同じ日系ディアスポラでも、マイノリティか否かという大きな違いがある。そしてそれは、音楽文化にも反映されている。日系人が密集し地理的にも日本と近いハワイでは、ハワイで生まれ育った二世の間にも、日本の流行歌を歌い演奏する楽団が多数存在した。一方、白人優位社会のマイノリティとして生まれ育ったカリフォルニアの二世の間では、当時のアメリカ主流文化であったジャズを演奏する楽団が隆盛した。さらに興味深いのは、彼らが二世だけでジャズバンドを組んでいたことである。ハワイのジャズバンドは多人種的バンドになるのが自然だった。カリフォルニアの二世ジャズバンドは、二世が文化的にアメリカ主流文化に同化していたにもかかわらず、依然として社会的に孤立していたことを示している。このように、ディアスポラは単一的集団ではなく、その内部は複雑かつ多様である。その多様性の要因・背景を精査することが、ディアスポラの理解において重要である。

6. 文化の越境

 これまで人の越境・離散としてのディアスポラについて語ってきたが、文化そのものも越境し拡散する。マスメディアやインターネットの発達に伴い、音楽ジャンルや音楽実践の越境・グローバル化は今日驚くべきスピードと規模で展開している。しかし、越境した先でその文化がどのように受容されるかは、やはりそれぞれの土地・人々の諸条件によって異なってくる。ゴスペル音楽を例にとって考えてみよう。

 アメリカ黒人のゴスペル音楽の様式は、南アフリカからオランダ、韓国に至るまで、クリスチャンに広く受け入れられ実践されている。しかし、クリスチャンが全人口の1％にも満たない日本では、その実践者は、ほとんどが非クリスチャンである。ゴスペル音楽は宗教音楽としてではなく、サークル活動や習い事・趣味として普及している。非クリスチャンが、神（God）やイエスへの賛美や感謝を力強く情熱的に歌う様は、クリスチャンにとって不思議な光景に映るかもしれない。

 実際に真摯にゴスペルと向き合っている日本人の中には、非クリスチャンとしてゴスペルを歌うことに対する迷いや戸惑いをもつ人も少なくない。しかし、ゴスペル歌手の塩谷達也が行なったアンケート結果は、日本人ゴスペル愛好家の多くが、ゴスペルのメッセージを宗教を越えた愛、尊敬、感謝、喜びといった人類共通のメッセージとして解釈したり、自分の心の中にある何らかの「神的な存在」に対する賛美に置き換えて考えたりすることで、ゴスペルを歌うことに自分なりの意味を見出していることを示している（塩谷 2003: 82-112）。日本人はもともと神道と仏教を同時的に信仰し、初詣、村祭り、お彼岸、お盆など、神仏融合の風習を日常生活の中に取り入れてきた。こうした日本人の宗教的な柔軟性・寛容さが、ゴスペルのメッセージをキリスト教の枠を越えて解釈し得る基盤になっている。

 日本におけるゴスペルの人気はさらに、ゴスペルの音楽的特性にもよっている。ゴスペル合唱のもたらす一体感や連帯感は、日本人の集団指向に適合する。一方、ゴスペル合唱では、それぞれが思い思いに声を出すことが許さ

れているため、集団の一部という安心感の中で、普段は抑圧されている自己を解放し表現することもできる（Waseda 2013: 192-193）。また日本におけるゴスペルは、合唱曲のレパートリーに取り入れられたり、習い事産業に組み込まれたりすることで、独自の展開を遂げている（Waseda 2013: 197-203）。この例が示すように、越境した文化は、それを受容する人々の歴史的、社会的、文化的経験に応じて再解釈される。

7. 文化と人の流動

　越境して変容した文化が、再びそのルーツたる土地に移入され影響を及ぼすという例も珍しくない。アフリカ・ディアスポラ音楽であるジャズは、南アフリカで20世紀初頭から流行し、1950年代には現地のリズム・旋律と、スコットランド移民がもち込んだティンホイッスル（ペニーホイッスルともいう。ブリキ等でできた小さな縦笛）を取り入れたローカルジャズ、クウェラkwelaが誕生した。文化はこうして越境を繰り返し、様々な経路をたどりながら常に変化していく。

　ディアスポラの人々もまた、そのルーツたる国と離散先の間で流動し、境界的・仲介的な役割を果たすことが少なくない。ハワイやカリフォルニア出身の日系二世歌手たちは、戦前日本のジャズやハワイアンの受容において大きな役割を果たした。日本人の容姿でありながら、当時の日本人にはない流暢な英語とリズム感覚を身に着けた彼らが、日本語で、あるいは日本語と英語を取り交ぜて歌ったジャズやハワイアンは、日本人にとってアメリカ音楽文化への重要な入口だった。戦前のアメリカではアジア系がジャズの世界で活躍することは困難だったが、日系二世歌手は日本では本場のジャズが歌えるアメリカ人とみなされた。2つの国の狭間にあった彼らは、その境界的立場ゆえに日本で音楽家として成功し、大きな影響を及ぼすことになった。またハワイ出身の二世、灰田晴彦（別名 有紀彦1969-1986）とバッキー白片（1912-1994）は、ハワイアン・スチールギターを日本に普及させただけでなく、スチールギターを用いた歌謡曲や、ラテン音楽のハワイ風アレンジなど、「和製ハワイアン」といわれる日本特有のレパートリーの誕生を促した。

ハワイ日系二世ならではの彼らの多文化的な音楽性が、日本のポピュラー音楽の展開に大きな影響を与えた。

　人のグローバルな移動・定住・流動は、これからますます頻繁になるだろう。またテクノロジーのさらなる発展・普及によって、人の移動を必ずしも伴わない文化の越境や、遠隔地の文化間の繋がりは、ますますその範囲とスピードを増すだろう。ディアスポラ・越境という視点は、今後の音楽研究においても無限の可能性を提供してくれる。

コラム 7
フィールドワーク

梶丸 岳

　民族音楽学にとってフィールドワークは最も重要な調査手法である。かつてアラン・P.メリアムAlan P. Merriamは『音楽人類学』で「民族音楽学はフィールドの学問であり、かつ実験室の学問である」（メリアム 1980: 55、原著は1964年出版）と述べたが、その後の民族音楽学では実験室よりも「フィールドの学問」であることをより重視するようになってきた。現代の民族音楽学におけるフィールドワークの中心となっているのが、参与観察と音楽実践の音声や映像による記録である。後者については別のコラムに譲るとして、このコラムでは参与観察と民族誌を書くことについて述べることにする。

　参与観察とは一言でいえば「参加しながら観察する」こと、つまり「調査先の人びとと共にいて、共にやりながら観察し記録すること」である。この手法は『西太平洋の遠洋航海者』（マリノフスキ 2010、原著は1922年出版）を著した人類学者ブロニスワフ・K.マリノフスキBronisław K. Malinowski（1884-1942）が提唱して以来、おもに人類学で用いられてきた。マリノフスキは参与観察を行なう人類学的フィールドワークにおいて、現地語を習得しつつ1年から2年の長期間現地に滞在し、現地社会と信頼関係を築きながら調査を行なうことを推奨した。現代の人類学的フィールドワークはマリノフスキの時代からおおきく様変わりしているが（佐藤 2013）、それでもマリノフスキ流の調査が一種の理想でありつづけている。人類学や社会学では参与観察を中心とするフィールドワーク解説書が多数出版されており、たとえば『フィールドワーク探求術』（西川 2010）は初心者が読むのに手頃で、民族音楽学のフィールドワークを志す者にも参考になる。

　民族音楽学の参与観察も人類学と基本的に変わらない。多くの場合、民族音楽学を研究する人は現地に最低一度は1年以上の長期間滞在し、現地語を習得し、現地の音楽実践とそれをとりまく社会・文化について知見を積み重ねる。普通の人類学と異なるのは（全員ではないが）多くの民族音楽学者が現地の音楽実践を自らも真剣に学ぶことである。演奏家をはじめ音楽実践にかかわる人びとと日々音楽について語り合ったり、練習し演奏したり、改まってインタビューをしたりする。そうして得られた知見や自分と相手とのやりとり、さらに自らの感情経験についてノートに記していく。長期調査が難しいときは短期間の調査を繰り返すことになるが、それでも調査の基本は変わらない。

　参与観察で最も重要な記録手段がフィールドノートである。参与観察を行なう研究者はそれぞれの調査目的や調査手法に合ったノートの取り方を模索し実践している。民族音楽学者がノートの取り方を具体的に解説した文献はほとんど存在しないが、そうしたなかでガムラン研究者の増野亜子が解説する自身のノートの取り方はとりわけ参考になるだろう（増野 2016）。増野はガムランの練習中は練習に集中し、それ以外の時間にフィールドノートをつけているという。ノートの内容も練習中に教わったことから自分の気持ちなどさまざまであり、「フィールドノートは調査中のリアルな経験を凝縮したオリジナルな研究資料であり、欠陥も含めて自分の分身」（増野 2016: 43）であると述べている。参与観察に基づく研究は事前になにが必要な情報かを絞り込むことが難しい。調査目的を意識しつつも、それに固執せずなるべくなんでも記録して

おくことはきわめて重要である。

　こうして得られた記録を、一定の視点からまとめ上げた詳細な報告が民族誌である。人類学や民族音楽学の民族誌ではしばしば研究者が現地で調査するようになった経緯や最初の印象、現地の人びととのやりとり、自分が受けた衝撃や気づき、そしてそこから帰ってきて民族誌を書き上げた感慨が語られる。時には調査経験そのものを1冊にまとめて出版することもある。たとえばバリの人形影絵芝居を研究し、自身も影絵を操るダランとなった梅田英春は、1980年代の若かりしころ人形影絵芝居を学んだ日々について、とても生き生きしたエッセイを書いている（梅田 2009）。

　民族誌はノートなどに記録されたそれぞれのフィールドでの経験をなんらかの形で「物語」として仕立て直したものという側面をもっているが（エマーソン他 1998;ヴァン＝マーネン 1999）、それはそこに嘘が書いてあるということではない。民族音楽学的フィールドワークのイメージをつかむためにフィールドの経験について書かれた文章を読むことはとても有益である。参与観察はまさに全身体的経験であるうえ、フィールドごとに調査の事情も異なるため、具体的な調査の進め方はフィールドの数だけあるといってもよいが、だからこそ「フィールドワークがどんなものであるべきか」より「フィールドワークがどんなものであるのか」を知るほうがためになる（李他 2008）。

　最後に、フィールドワークや民族誌を書くという営みがもつ問題性についても言及しておきたい。人類学では1980年代から90年代にかけて民族誌批判が盛んになされた（クリフォード；マーカス 1996など）。端的にいうとそれらは、文化を表象する権利が民族誌家にあるのか、という問題提起であった。この批判を受けた数々の議論は、「調査すること」「書くこと」の権力性や、現地の人びととの対話の重要性を認識すべしという研究倫理として落ち着いたように思われる。民族音楽学のフィールドワークにもまったく同じ問題が横たわっている。たとえばスティーヴン・フェルドSteven Feldは主著『鳥になった少年』の日本語版（フェルド 1988）に現地の人びととこの著作について語り合った記録をつけ加えており、その後も継続して現地との対話を続けそれらを音楽作品などの形で残している（Feld; Brenneis 2004）。現代は研究者が調査すること、そしてそれを書くこと自体がすぐさま現地に影響する時代である。フィールドワークでは自らの立場を常に省みながら調査を進めることが求められている。

　参与観察を中心とするフィールドワークは、自己と調査対象を切り離して観察する営みではなく、調査を通して自己も他者も影響を及ぼしあい変化していく実践である。楽しいことも不快なことも含めたフィールドとのかかわりを原動力に、今日も民族音楽学者は研究を行なっている。

10 ローカルとグローバル、アイデンティティ

髙松晃子

INTRODUCTION

　私が高校生だった頃は、現在とは違ってキャリア教育や進路指導などはほとんど無かったので、大学は英文科と音楽科を適当に受け、単に家から近いという理由で音楽科のある方に行くことにした。16～17世紀の英国の音楽にハマっていた私は、ここなら充分に学べるだろうと思っていたのである。しかしそれは完全に誤算で、入学してはじめて、ここには古楽の専門家がいないためにジョン・ダウランドJohn Dowland（1563-1626）やトーマス・タリスThomas Tallis（1505-1585）の研究ができないらしいことがわかった。

　ある日、音楽学の先生から次のような助言を受けた。「将来、古い音楽をやりたいのなら、まず現在の状況を調べてみるといい。今の英国の音楽は、古い音楽と接点があるはずだから。」その時はピンとこなかったが、まずは言われるままに、1950年代から80年代の英国で録音された民俗音楽を片端から聴いた。英国は、ご存知のとおりイングランド、ウェールズ、スコットランド、北アイルランドの4つの地域から成っていて、それぞれ音楽にも特徴がある。当時の印象としては、イングランドとウェールズの歌は「普通」だった。アイルランドの歌はおもしろい音の巡り方をするが、言葉がさっぱりわからない。スコットランドの歌は独特な節回しと声の力強さが際立っていて、私の好みに合った。録音の解説を見ると、しばしば「歌い手はトラヴェラーで」とある。ん？　旅人？　……が歌うの……？　調べてみると、スコットランドにはトラヴェラーtravellerと呼ばれる非定住民のグループがいて、歌のうまさには定評があることがわかった。

そこで、スコットランド北東部に飛んだ。トラヴェラーはたしかにいた。でも、ほとんどは定住していた。旅をしないのにトラヴェラーとはこれいかに？「歌うからよ。」「教えてあげてもいいけど、あっちのスチュワートたちの前では歌っちゃだめ。」は？「家が違うんだから。」なるほど、血縁の結びつきを大切にするトラヴェラーたちは、それを保証する何かが欲しい。しかし、モノは伝統的な移動生活を送るには邪魔になる。そこで、祖先の記憶は身体に

写真10-1　ピアノを弾くエリザベス・スチュワート。髙松撮影

染み込ませて持ち運ぶ。その手段となるのが歌、というわけである。

　誇り高いスチュワート家の歌の伝承者エリザベス（写真10-1）のもと、私はトラヴェラーのしきたりや数々の歌を習い、コミュニティに溶け込むべく奮闘した。一方、非トラヴェラー・コミュニティでは、日本で習っていたスコティッシュ・カントリーダンスが役に立った。何しろこのダンスはスコットランドへの入国証のようなものなので、これができるとできないとでは安心感がまるで違う。これから記述する内容は、グローバルに広がっていたこのダンスの恩恵を被った、私の経験に基づいている。

　ところで、「過去を知るには『今』を見よ」という指導教官の言葉は正しかったのだろうか。そう、今の私ならもっと意味有りげに、もったいぶってこう言うだろう。トラヴェラーとヘンリー・パーセルHenry Purcell（1659-1695）は秘密の通路で繋がっている、と。

I. マクドナルドの憂鬱

　2014年2月、日本マクドナルド社が41年ぶりに営業赤字を出す見込みとの新聞報道があった（2014年2月6日付産経新聞）。少し前から不祥事続きのマクドナルドだったので、そのニュース自体はとくに驚くべきものでもなかったが、記事に書かれていたあることに私はちょっとした感慨を覚えた。この年、マクドナルドが伸び悩んだひとつの理由は、世界で同一商品を投入する創業以来のビジネスモデルが、国ごとの消費者ニーズや競争環境の変化に迅速に対応できなくなったことだというのである。これは、1980年代から加速した経済や文化のグローバル化にひとつの区切りを示した、象徴的な出来事ではないだろうか。世界に拡散したグローバル文化は、いよいよローカル化することで存在意義を示さなければならない時代になったということだろう。

　徹底したマニュアル化に基づいて調理された同一のハンバーガーを携えてマクドナルドがやすやすと国境を越えてきたことは、グローバル化現象の典型とされるが、このグローバル化globalizationという言葉が社会学用語として用いられ始めたのは1980年代末から1990年代である（ロバートソン 1997: 20-21）というから、案外新しい。グローバル化とは一般に、あるテリトリー（それが国民国家であるにせよそうでないにせよ）内で行なわれていたある現象が、別の場所で展開することを指す。つまり、「脱テリトリー化」を前提とした現象である（江渕 2000: 310）。たとえば、日本の能がアメリカの大学サークルで、ハワイのフラが日本のショッピングモールで、徳島の阿波踊りが東京の高円寺で行なわれることや、節分に「恵方巻」を丸かじりする関西の風習が全国区になっていたりするようなことである。もちろん、「恵方巻」関西起源説の信憑性や、「日本の」〇〇とか「ハワイの」〇〇と大きく括る発想そのものが大いに不確実なのだが、ここではひとまず不問とする。

　グローバリゼーションの影響については、大きく分けて次の2つの考え方がある。まず、クリフォードの「消滅の語り」（クリフォード 2003: 30-31）に代表されるように、グローバル文化が地域の伝統や独自性を圧倒し、消滅させるというものである。文化や社会の多様性はいずれグローバル文化に吸

収され、均質化・平準化されると危惧されたのである。しかし一方で、グローバル文化は行き着いた先の「伝統的」で「固有」な文化と混ざり合って新たな文化を生成したり（「グローカル化」、ロバートソン 1997: 16）、伝統を活性化したりするという指摘もあった。異文化と頻繁に出会ったり同化させられたりする過程で自文化のアイデンティティが危機にさらされ、自文化をより強く意識するようになるからである。これがいわゆる「生成の語り」（クリフォード 2003: 30-31）である。ジョン・マシオニスJohn Macionisとケン・プラマーKen Plumerのまとめによれば、前者が「グローバリゼーションの均質化論globalisation as homogenisation」、後者が「グローバリゼーションの多様化論globalization as diversification」ということになる（Macionis; Plummer 2002: 662）。

それらに加え、グローバル化の本質である脱テリトリー化の現象として近年とくに注目を集めているのは、ハイパースペースと呼ばれる空間である（江渕 2000: 312-313; Kearney 1996）。これは、空港の免税エリアやネット空間のように、もはや誰のテリトリーでもない（あるいは万人のテリトリーである）場所である。とくに、ネット空間においてはタイムラグとスペースラグを考慮する必要がない。そのおかげで、たとえば、物理的に脱テリトリー化した移民は、インターネットで現地語放送を視聴したりスカイプを通じて相手を見ながら対話したりすることにより、祖国との心理的な距離を飛躍的に短縮することができる。また、これまでは実際に現地に行かなければ不可能だったような異文化のリアルタイム体験も、ハイパースペースでは思いのままである。

2. 大学生A君、慣れない楽器に奮闘する

では、これまでに紹介した脱テリトリー化、グローバル化、ローカル化、ハイパースペース、といったキーワードについて、架空の日本人大学生A君の行動に基づいて具体的に考えてみよう。

大学2年生のA君は、夏休みを利用して英国旅行に出かけた（トランスナショナル、脱テリトリー化）。ある日、スコットランド地方で売っていたバ

グパイプに一目惚れしたA君は思わずそれを買ってしまい、経済的にもトランスナショナルして自国に持ち帰った。脱テリトリー化したバグパイプは、今、A君の手元にある。

A：さて、この楽器はどうやったら演奏できるのだろう。教則本くらい買ってくればよかったな。ネットで調べてみようか。あったあった。英語で書かれているが、CDも付いているし何とかなりそうだ。

というわけで、インターネットというハイパースペースから購入した教則本と付属のCDで自主練してみたものの、どうもうまくいかない。

A：楽譜だけではキビシイな。いくら息を吹き込んでも音が出ないよ。そもそも、「プラクティス・チャンター」とかいう練習用の笛がいるようだし……。やはり先生に習うのがいいかも。

楽譜は、ある程度その音楽様式を理解している人にとっては便利なものだが、身体の使い方や息の吹き込み方といったコツを伝えないので、まったくの初心者には向かない。たとえ音が出たとしても、演奏のよしあしにかかわるデリケートな情報を楽譜だけから読み取ることは難しいだろう（本書第3章参照）。書記伝承だけに頼れないと悟ったA君は、バグパイプを教えてくれる人探しに乗り出す。またまたネットで調べてみると、

A：日本人がやっているバグパイプ・バンドを見つけたぞ。そこで教えてくれるのか。

メンバーの中には、自国から脱テリトリー化してやってきたスコットランド人もいるようだ。一方、日本に日本人のバグパイプ奏者がいるということは、バグパイプ音楽という文化が脱テリトリー化してきたことになる。

A：お、ちょっと待て。YouTubeに、スコットランド系アメリカ人の演奏家によるレッスン動画が上がっている。これを見ながら練習するという手もあるのか。

2013年のアメリカ合衆国国勢調査（American Community Survey）によれば、アメリカの総人口3億1154万人の約18%を占める549万人がスコットランド系である（http://factfinder.census.gov/faces/tableservices/jsf/pages/productview.xhtml? pid = ACS_13_5YR_DP02&src = pt 2015年6月30日閲覧）。彼らのおかげもあってか、北米大陸におけるスコットランド文化の伝承は本国以上に盛んかもしれない。さて、ネットショップでプラクティス・

10　ローカルとグローバル、アイデンティティ | 135

チャンターも購入したA君は、ネット動画というハイパースペースで動画レッスンを体験してみた。リアルタイムに相互でやりとりすることはできないが、楽器の構え方や息の吹き込み方は、CDよりも格段によくわかる。

A：なかなかいい感じだ。おや？　こちらの先生は「スカイプ・レッスンもします」と言っている。これなら、自分の何がまずいのか具体的に教えてくれそうだぞ。

スカイプ・レッスンは口頭伝承そのものだが、教授する側とされる側は、それぞれ別の物理的テリトリーに腰を据えたままである。人間の脱テリトリー化は起こらないまま、文化とそれにまつわる情報がハイパースペース上で行き来するわけである。

A：スカイプ・レッスンは悪くないけど、時差の問題がある。言葉にも自信がないから、やっぱり日本のパイプ・バンドを訪ねてみようかな。

こうして、東京のとあるパイプ・バンドでレッスンを受けながら練習を始めて数ヶ月後、A君のバンドは、千葉県のあるグラウンドで開催される「ハイランド・ゲームズ」というイベントに出場することになった。ハイランド・ゲームズとはスコットランドで夏期に行なわれるイベントで、バグパイプの演奏やダンス、綱引きや丸太投げなど、各種競技が行なわれる。日本では関東と関西で毎年秋に行なわれていて、東京の方は2014年に32回目の開催を迎えた。日本に移入されたハイランド・ゲームズ（写真10-2）は、この種のイベントには珍しく、日本式のアレンジを抑えて本場の様式を保持している。言い換えると、目立ったグローカル化は起こっていないということである。A君はまだ演奏には加われないので、気軽に遊びに出かけたようだ。すると、

A：すごい！　日本人がスコットランドの民族衣装を着てダンスをしている。採点をしているようだから、競技なんだな。

コンクールや競技会は、主催者の方針や採点基準次第で、文化の変容を抑制することもあれば促進することもある。スコットランド

写真10-2　日本のハイランド・ゲームズを宣伝するチラシ。主催：ハイランドゲームズ実行委員会、St. Andrews Society of Yokohama & Tokyo

のダンス、とくにスコティッシュ・カントリーダンス（Scottish Country Dance, 以下SCDと表記）は前者の典型的な例である。

では、英国旅行をきっかけにバグパイプを学び始めたA君の健闘を祈りつつ、私たちはSCDの世界進出の話題に移ろう。このダンスは、世界各地に拡散しているわりには同じ「品質」を保ち続けているのだが、それは、SCDの担い手がグローカル化を徹底的に排除する手続きを踏んだ上で世界中にダンスを輸出し、自国の伝統継承力が弱まってもそう簡単に伝統が消滅しないように配慮してきたからである。自国だけで頑張ることに早々に見切りをつけて強力なグローバル化に期待しているわけだが、この他力本願方式は消極的積極策であるとも考えられる。

3. あいまいな出自でも「ナショナル」になれる

SCD（写真10-3）は、男女のペアが複数組集まってセットやラインを形成し、ステップを踏みながら複雑な軌跡を描くものである。17世紀頃のイングランドで生まれた貴族の社交のためのダンスが原型で、それがスコットランドに伝えられてローカルなダンスの影響を受け、独自の展開を遂げた（Morrison 2004）。つまり、もともとハイブリッドな性格をもつダンスである（Flett 1966: 4）。

このダンスを世界的に普及する中心的な役割を果たしているのが、1923年に設立されたスコティッシュ・カントリーダンス協会 Scottish Country Dance Society（SCDS、現ロイヤル・スコティッシュ・カントリーダンス協会RSCDS）である。設立者のひとりであるジーン・ミリガン Jean Milligan（1886-

写真10-3　正装してSCDを踊る

1978）が行なったのは、まずレパートリーの掘り起こしと規格化、次にテクニックの整備であった（Milligan 1951）。

元来ハイブリッドで「ナショナル」な象徴性をもつとはいえなかったこのダンスは、20世紀初頭に消滅の危機にさらされていたところ、ミリガンという精力的な個人によって再編成されて再出発を飾ったわけだが、そこで新たに「スコットランドの」ナショナル・アイデンティティが付与されることになった。ミリガン曰く、SCDS設立当初の目的のひとつは「スコットランドにふさわしい形のカントリーダンスを実践し、保存すること」であった（Milligan 1951: 7）。彼女がタータンを用いた衣装にこだわりぬいた（Milligan 1968: 69-70）ことは、本質的にスコットランド的とはいえないダンスにナショナリスティックな印象を与えるのに、大いに役立ったといえよう。

4. 他力本願の文化伝承はハイパースペースでうまくいく？

SCDSがそれほどグローカル化されることなく世界的に普及したことには、2つの理由がある。ひとつは、マクドナルドを思わせる徹底的なダンスのマニュアル化、もうひとつは、伝承のユニットを本国の共同体に限定しなかったことである。

まず、ひとつめのポイントから考えよう。そもそもミリガンはたいへん厳格な指導者で、「どちらでもよい」という態度は決してとらなかった。1951年に出版されたダンス・マニュアル（Milligan 1951）を見ると、つま先の開き具合やステップの足の高さ、フォーメーションを描くときのカウントのとり方や、互いにすれ違うときの視線の交わし方までが、事細かに記されている。

規格化された新しい伝統を伝えるために、RSCDSは実に周到な方法をとった。ミリガンの指示を正確に伝えることのできる教師の養成、公認教師が教授の腕前を発揮するためのスクールの開設、教師や学習者に動きを正しく理解させるためのマニュアルの作成、踊り手の要求を満たすための新しいレパートリーの開拓と公開、競技会の実施による規格の確認と定着などなどで

ある。

　その結果、2つめのポイントである、本国諸地域の共同体を超えた新しい伝承空間が生まれた。想像上の共同体（アンダーソン 2004）とも見なしうるこの伝承空間は、世界各地に存在する「踊りの場」である。2015年6月現在、RSCDSは世界中に約160の支部と約340の公認グループ（日本には3つの支部と11の公認グループ）をもつ。RSCDS式の教育を受けた踊り手は、たとえ外国にいようとも、RSCDS支部公認のグループが提供する「踊りの場」が見つかれば、そこに入ってすぐに踊ることができる。実際には世界中に散らばっている踊り手は、ミリガンとRSCDSへの賛同というグローカル・イマジナリー（上杉 2009: 63）を共有することで、ハイパースペースとしての「踊りの場」に集う権利を得るのである。

5. 想像上の共同体はハイパースペースを住処とする

　RSCDS共同体のメンバーは、スコットランド人ばかりではない。そして、彼らの多くはスコットランドのナショナル・アイデンティティからは距離を置いている。そのヒントが、身につける衣装にあることは逆説的に見えるかもしれない。男性はキルト、女性は白いロングドレスにタータンのサッシュという衣装はスコットランドの正装で、スコットランド人にとってはそれなりの意味がある。スコットランドでは、家ごとに異なるタータンを受け継いでいることになっているため、ある柄のタータンを身につけることはその家の出身であることの表明につながるからである。

　しかし、非スコットランド人の踊り手が身につけるタータンにはほとんど意味がない。彼らは家に由来しない、地名のついたタータンを身につけたり、何の関係もない家のタータンを拝借したり、新しいタータンを作り出してそれを着用したりする。彼らが任意のタータンを選び、身につけるのは、それがRSCDSの規則だからであるにすぎない。ちょうど、私たちがインターネット上でハンドルネームを使用したり、オンラインゲームをする際にキャラクターになりきったりするのと同じように、タータンを身につけるのはRSCDS共同体というハイパースペースに参入するときのマナーなのである。

実はもっと皮肉なことに、タータンの柄と家の結びつき自体が「創られた伝統」であることはすでに明らかになっている（トレヴァー＝ローパー 1992）。それゆえ、スコットランド人がタータンを身につける＝スコットランドのナショナル・アイデンティティ表明という図式がすでに虚構で、人々は日常的に、タータンという記号を用いて「スコットランドらしさ」を演じているにすぎないともいえる。ダンスそのものがハイブリッドで、タータンが単なる記号だとすると、スコットランドのナショナル・アイデンティティを託せそうなものは案外心もとない。

6. むすび

　日本人が移住先で独自のコミュニティをつくったり、中国系の人々があちこちでチャイナ・タウンを築いたりするのは、よく見る光景である。しかし、趣味を共有しているというだけで、とくにナショナリスティックな結びつきをもたないあらゆる国や地域の人々が、地元や出先に散らばっているスコットランド的ハイパースペースに出向き、「入国証」のタータンを身につけることでそこに入って「スコットランドごっこ」をするというのは、目新しい出来事かもしれない。それは、「カワイイ」を合い言葉に「日本のアイドルごっこ」をする世界の「オタク」のふるまいに似ていなくもない。梶原景昭が指摘するように（梶原 1998: 15）、国家や民族が文化を占有していた事態が大きく変わり、文化としてくくることのできる対象とその主体との関係性は、今後ますます多様化していくことになるだろう。

11 グローバル化と著作権問題
塚田健一

INTRODUCTION

　1990年代半ば、西アフリカ、ガーナ南部の港町ケープコーストでフィールドワークをやっていた折、おもしろい経験をした。ファンティ王国の宮廷楽長のクウェク・シェブラKweku Sheburahさんに、クルト・ザックスCurt Sachs（1881-1959）の『音楽の源泉』のなかの一節を読んでもらったのである（もちろん、原著で）。その一節とは、アメリカ先住民の音楽著作権に関するもので、先住民は自分たちの旋律に一種の「著作権」意識をもっていて、無許可で旋律を演奏することを禁じており、旋律を演奏するためにはその権利を買わなければならない、といった内容だった（ザックス 1970: 183）。そのくだりを読んだシェブラさんは、驚いた表情で「こりゃ、われわれのシステムと同じだよ」という。そこで、ぼくがファンティの音楽文化の慣習をいろいろとたずねていくと、わたしたちがふつう「著作権」問題と考えているような状況が、次から次へと語られるのだった。

　さて、ギニア湾に面したガーナのケープコーストは、西アフリカにおけるかつての奴隷貿易の中心地のひとつで、ガーナ南部に広がるファンティ王国の王都である。ファンティ王国はガーナに存在するあまたの王国のひとつで、最高首長（国王）のもとに組織だった王制を敷き、専門の楽師たちによる宮廷音楽が発達している。なかでも、フォントムフロムfontomfromと呼ばれる宮廷太鼓合奏はその代表的なもので（写真11-1）、それぞれの太鼓パターンは王が所有し、王に「著作権」があるといわれる。

　たとえば、ファンティ社会の「著作権」問題は、こんなふうに語られる。

写真11-1　ファンティ王国の宮廷太鼓合奏フォントムフロム（王室の祭典にて）。塚田撮影

　ある王のフォントムフロムのパターンが誰か、たとえば、ほかの王国の楽師に「コピー」され、それが発覚したとする。すると、その当事者は宮廷に連れて行かれ、賠償を請求されることになるという。あるいは、ある王国のフォントムフロムの伝統が途絶えてしまったとき、その王国の王は近隣の王国の王にフォントムフロムの伝統の伝授を公的に依頼する。すると、依頼された王国では楽師を定期的に派遣して、フォントムフロムの伝統を失ってしまった王国の楽師たちに太鼓合奏を指導する。いわば、自分たちの曲を「コピー」させるのだ。そして、すべてが完了すると、伝授を依頼した王は、楽師を派遣した王にヤギや酒、現金などの公的な支払いをしなければならない。この支払いは、わたしたちには一見太鼓指導に対する「謝礼」のように思えるのだが、楽師たちにたずねてみると、それは「ンサnsa」に対する支払いだという。この「ンサ」とはファンティ語で「手」を意味するが、この場合、この「手」とは太鼓パターンのことだ。つまり、太鼓パターンを「コピー」したことに対する支払いなのである。いやはや、アフリカの伝統社会にも音楽「著作権」（コピーライト）なるものがあったのか、と感嘆したものだった。

I. 著作権をめぐる諸問題

　さて、このintroductionで括弧つきの「著作権」という表現を使ったのには、理由がある。そもそも著作権とは著作物等を排他的に支配する知的財産権の一種で、著作物の保護を図るとともに、著作物にかかわる著作者の財産的利益を保護する目的で定められたものである（三好 2008）。のちに述べるように、著作権が認められるためには一定の条件が満たされなければならず、著作者は著作物を創作した個人である。ところが、ファンティ社会の「著作権」の場合、太鼓パターンを所有するとされる国王は、実際にはそのパターンを創作した本人ではないし、ファンティの「著作権」は例外なく、国王の地位にある個人にではなく、王室や王族といった集団に認められる、いわば「集団的著作権」である。その意味で、ファンティの「著作権」は、わたしたちのいう近代的な著作権と似てはいるが、しかし同じものでは決してない。むしろ、ファンティ社会には彼らの文化に固有のあり方で「著作権に似た」制度が存在しているというのが、より正確な言い方だろう。先に括弧つきの「著作権」という慎重な言い回しをしたのも、そのためだ（ちなみに、ファンティ社会では、今日この制度はすでに消滅してしまっている）。

　このような第三世界の伝統的社会に存在する（あるいは存在した）「著作権に似た」制度はもちろん民族音楽学にとってたいへんに魅力的なテーマのひとつだが、他方、著作権に関してはより喫緊の民族音楽学的な課題がある。それは、著作権をめぐる、いわば「南北問題」といって良いものだ。しかもこの問題は、今日ますます顕著になってきたグローバル化時代の文化的状況を反映して、先進国による第三世界の「文化財搾取」といった様相を呈している。そして、この問題が実は、「音楽」や「著作権」といった特殊個別的なテーマを越えて、もっと一般的でより根の深い大きな問題のひとつの表われにすぎない、ということを本章の最後に示そうと思う。

2. グローバル化とフュージョン文化

　そこでまず、グローバル化とは何か、そして、それがどのような特徴をもち、どのように音楽文化にかかわるのかを考えてみよう。経済学者のウィリアム・タッブWilliam Tabbは、グローバル化における社会的構成要素の相互依存性を強調して、グローバル化を「諸国間の障壁を減じ、より密接な経済的・政治的・社会的相互作用を促す過程」と定義した（ミッテルマン 2002: 6）。つまり、グローバル化（globalization）とは、国民国家の存立を前提とする「国際化」（internationalization）とはむしろ逆に、国家の枠組みを越えて地球規模で進行していく政治的・経済的・社会的変化の過程である。そしてそこでは、ヒト、モノ、カネ、情報の地球規模での流動化の現象がきわだった特徴としてあらわれる。そしてそれが、世界の音楽文化に及ぼした影響は計り知れない。世界各地の音楽文化はボーダレス化の傾向を増し、異文化の融合（フュージョン）が加速した。1980年代後半から90年代前半にかけて世界の音楽ビジネス界を席巻した、いわゆる「ワールド・ミュージック」（世界各地の伝統的な音楽的要素と西洋のポップスの要素を融合させた音楽ジャンル）も、そのような時代背景のもとに誕生したものであった。

　さらに、こうした音楽における「フュージョン文化」の台頭の背景には、もうひとつの要因として、ハイテクの発達がある。既存の音源を自由自在に加工し再構成することを可能にした「サンプリング技術」の誕生は、ヒップホップなどのポピュラー音楽のジャンルばかりでなく、フュージョン文化の展開にも決定的な影響を及ぼした。それによって、たとえばアフリカ奥地の熱帯雨林の音の世界が、テクノ・サウンドにのって大都会の街角に現出するといった状況が見られるようになったのである。

3. ディープ・フォレスト事件とその背景

　ところが、こうしたグローバル化に伴う文化的状況が、実は著作権をめぐる深刻な問題を引き起こしている。それは、欧米のアーティストが第三世界

の伝統音楽の録音を無断でサンプリングしてポップスの製作に使用するようになったことによるものであり、それによって今日欧米の音楽ビジネス界は自らの倫理を問われる重大な事態に直面している。たとえば、「ディープ・フォレスト事件」として知られる一件は、その良い例である。

　1992年、フランスのポップ・ユニット「ディープ・フォレストDeep Forest」がデビュー・アルバム『ディープ・フォレスト』を発表し、そのなかでピグミーを中心としたアフリカ音楽とソロモン諸島のバエグ人の現地録音をサンプリングして使用した。その後、このアルバムは空前のメガヒットとなり、米ビルボード誌連続25週「トップアルバム」チャート入り、グラミー賞候補、200万枚を超える売り上げなど数々の記録を達成し、ポルシェ、ソニーなど大手のコマーシャルにも採用されて莫大な収益を上げた。なかでも「スイート・ララバイ」は有名なヒット曲で、バエグの女性の子守歌をサンプリングしたものだ。ところが、バエグ人の音楽を現地録音し、『伝統音楽年報』のなかでディープ・フォレストを告発した民族音楽学者のユーゴー・ゼンプHugo Zempによれば、彼はその音源の使用を許可していないし、のちにディープ・フォレストへの抗議書簡のなかで音楽文化財を「盗まれた」バエグの人々に対して収益の一部を支払うよう要求した（Zemp 1996）。しかし、結局ディープ・フォレストからはバエグの歌い手にも、ゼンプにも、そして現地録音ＣＤをリリースしたユネスコにも支払いは一切行なわれなかった。

　この種の著作権をめぐるトラブルで特徴的なことは、音楽文化財を所有する第三世界の当の人々はほとんど「無言化された存在」であり、自らの権利を主張することはおろか、自らの権利が侵害されていることさえ知ることのできない状況に置かれているという事実である。こうした問題にとり組む研究者の多くは、そもそも著作権という概念自体が近代の「作品」概念を前提としたきわめて西洋中心主義的なものであること、その結果、現行の著作権法は第三世界の伝統的な文化財を保護する上ではまったく適切性を欠いたものであることを指摘している（Collins 1993; 2000, Frith 1993, Mills 1996, Seeger 1996）。

　今日著作権に関する国際法は、ベルヌ条約、万国著作権条約、世界知的所

有権機関条約（最後のものは、情報通信技術の発達に対応すべく新たに締結された条約）によって定められている。そして、現行の著作権法では、法的に著作権保護の対象となるためには、対象となるべきものがauthorship（作者の存在）、tangibility（有形性）、originality（独創性）という３つの要件を満たしていなければならない。すなわち、その音楽は作曲者（著作者）が特定され、楽譜などの具体的なメディアに固定されていて、さらにその内容が「独創的」でなければならない。これらの特性は、しかしながら近代西洋の「作品」を特徴づけこそすれ、第三世界のフォークロアと呼ばれる伝統芸能などの文化財を規定する特徴には決してならない。したがって、第三世界の音楽文化財は現行の国際法では著作権保護の対象とはならず、逆にこの法を盾にとって、西洋世界が第三世界の文化財を合法的に搾取することが可能となる。その結果、現行の著作権法は、第三世界の人々にとっては先進諸国からの「抑圧システム」と映るようになる。

4. エニグマ訴訟とその意義

さて、こうした著作権法の不条理に第三世界から異議を唱え、実質的に勝利した事例がある。「エニグマ訴訟」として知られる一件である。これは、ドイツのポップ・ユニット「エニグマEnigma」が1993年に台湾少数民族アミの民謡歌手ディファンDifang（1921-2002）の歌った「老人飲酒歌」をサンプリングして「リターン・トゥ・イノセンス」を発表し、大ヒットさせたことに端を発する。この曲を収めたアルバム『ザ・クロス・オブ・チェンジズ』は500万枚以上を売り上げたほか、米ビルボード誌連続32週トップ100入りを果たし、さらに「リターン・トゥ・イノセンス」は数々の映画やテレビ・ショーに使われ、ついには1996年アトランタ・オリンピックのプロモーション・ビデオのテーマソングとして使用された。自分の歌が無断で使用されたことを知ったディファンは、同年台湾のレコード会社を後ろ盾にエニグマ、ＥＭＩ、国際オリンピック委員会などを相手どって訴訟を起こし、原告側の雇ったカリフォルニアの弁護団と被告側弁護団との法廷闘争はアメリカで1999年まで３年間続いた。最終的に、被告側はこれを示談にもち込み、

ディファンへの経済的賠償、将来のＣＤラインナップへのディファンの名前の明記、アミ文化発展のための基金設立などに合意したのである（Guy 2002）。

　このディファンの訴訟は、グローバル化の進展がもたらした不平等な世界構造に対する「告発」という意味で、その意義はたいへんに大きなものであった。グローバル化は「中心・強者」としての西側（日本も含まれる）と「周縁・弱者」としての第三世界との格差を鮮明にし、著作権に関して言えば、西側が第三世界の文化財を巧妙に搾取する構造をつくり上げた。そして現行の著作権法は、すでに触れたように、結果的にその構造を強化する役割を果たしている。したがって、現行の法律に基づく限り、この問題で第三世界の原告が勝訴する見込みは限りなく少ない。先の「ディープ・フォレスト事件」でゼンプが訴訟を起こさなかった理由も、実はここにある。それにもかかわらず、「エニグマ訴訟」でディファンが実質的な勝利を収めたのは、この件を調査した民族音楽学者のナンシー・ガイNancy Guyが明らかにしているように（Guy 2002: 206-208）、カリフォルニアの原告弁護団の法廷闘争の戦略がすぐれていたからである。「エニグマ訴訟」はこうして、第三世界にとって不平等な枠組みをもつ現行の著作権制度に対して西側の反省を促すことになった。

5. 少数民族の文化財の搾取

　さて、これら２つの事例が示す、制度的に不均衡な力関係に基づく著作権問題は、何も西側と第三世界との対立的な構図のなかにのみ見られるものではない。注目すべきは、それが同一国内においても多数民族と少数民族との関係に同様に見出されるということである。次に検討する事例は、先の二例と同根で多くの共通点をもっているが、著作権問題というより、むしろ「文化財搾取」の問題としての性格が強い。

　1995年、中国で『阿姐鼓』（アージェグー）（英語版名 Sister Drum）というアジアン・ポップスのアルバムが発売された。このアルバムは、漢民族出身の３人のアーティスト（作曲家、作詞家、ポップ歌手）によって「中国人による最初

のミリオンセラー・アルバム」との鳴り物入れ
で、最先端音響技術を駆使し、莫大な資金を投
入してアジア・欧米市場に向けて、中国発の
「ワールド・ミュージック」として製作された。
そして、このアルバムの最大の特徴は、コンセ
プトも音素材も徹頭徹尾チベット文化に依拠す
るということだった。漢民族の３人のアーティ
ストはチベットに調査旅行に出かけ、土地の民
謡を収集して、その素材を高度なサンプリング

写真11-2 『阿姐鼓』のCDジャケット
(飛碟企業股份有限公司 UFO TAPE
& RECORD CO.,LTD. 1995)

技術によって「借用する」という手法でアルバムを製作した。文化財搾取の
例としてこの問題を調査したジャネット・アップトン Janet Uptonによれ
ば、そこではチベットもチベット文化も現代社会の対極にある、文化的消費
に値する「未開」（未知）の世界として表出されているという（Upton 2001:
103-104)。これこそまさに、文化財が搾取される際の少数民族に対する文化
的表象の定番である（ちなみに、この種の表象は、ディープ・フォレストの
例のアルバムにも、ピグミー音楽のサンプリングに関連して見出される）。

　このアルバムはアジア市場ではメガヒットとなるが、欧米では商品ボイ
コットにあって市場開拓に完全に失敗する。早くも発売翌年の1996年、亡命
チベット団体や英国チベット支援団体などから、アルバムが「中国人による
チベット文化の盗用」だとする抗議が殺到する。また、ニューヨーク・タイ
ムズ紙はアルバムが「中国のチベット占有権の表現ではないのか」と疑問を
投げかける。とくに亡命チベット団体から批判が集中したのは、英語版のＣ
Ｄジャケットのイメージであった（写真11-2）。誰が見てもチベット女性と
見まがうこの女性（チベット名 Dadawa）が実は中国人ポップ歌手の朱哲琴
Zhu Zheqinであることを知って、彼らはそこに等しく漢民族によるチベッ
ト文化の搾取と抑圧の表現を見たのである。

6. 第三世界の知的財産の保護

　さて、これまで論じてきた著作権問題にしろ、文化財搾取の問題にしろ、

そこに通底するのは、グローバル化が今日助長していると思われる——あえて語弊のある表現を使えば——「弱肉強食的な」世界構造である。そして重要なことは、この構造はきわめて一貫していて、社会・文化のさまざまな面に同様の問題を引き起こしているということである。紙面の都合で、ここではひとつの事柄に簡単に触れるにとどめる。伝統的知識と特許をめぐる問題である。

　第三世界の伝統的社会では、何世代にもわたって生活に有用な生物資源に関する知識が蓄積されている。たとえば、土地に生息するある樹木の樹液が傷口に効くといった知識である。これは伝統的知識と呼ばれる。この知識の有効性を検証し利用して、先進国の製薬会社が新薬を開発し、特許を取得して膨大な利益を上げるということが今日起こっている（名和 2006, 日本放送協会 2010）。多くの場合、そのもうけはその土地の伝統的社会には還元されない。典型的な例は、インド原産の植物ニームである。ニームは、昔からインドで殺菌・防虫用の薬剤として利用されてきた。1985年、アメリカの大手化学会社と農務省がニームの種子から防虫成分の抽出に成功し、その抽出法の特許を取得した。これによって、農薬としてのニームオイルの全世界での販売額は年間1000億円規模だといわれている。まさに、先進国による伝統的知識の搾取である（こうした例は、今日枚挙にいとまがない）。ところが、その後、生物資源供給国であるインドの政府と市民団体が特許無効を求める訴訟を起こし、2005年には特許無効が確定しているという（森岡 2005）。「エニグマ訴訟」を想起させる一件である（ちなみに、伝統的知識と生物資源にかかわる国際法は、1993年に締結された生物多様性条約によって定められている）。

　これまでの議論で明らかなように、第三世界の伝統的社会には今日わたしたちの社会が規定する「知的財産権」とは異なる形で「知的財産」が存在している。それが、ひとつは伝統的文化財（音楽、舞踊、口承文芸など）であり、もうひとつは伝統的知識である。グローバル化の進展に伴い、この「知的財産」にかかわる利権をめぐって先進国と第三世界の国々との間で紛争が頻発するなか、第三世界の「知的財産」の保護と保全は今日緊急の課題となっている。民族音楽学は、好むと好まざるとにかかわらず、この現実を直

視しなければならない。そして、この課題の解決に向けてたゆまず努力していくことが求められている。

総括

12 民族音楽学への流れ
徳丸吉彦

　民族音楽学は音楽学の一部門で、人間と音楽の関係を中心に研究する分野である。民族音楽学の対象は「民族音楽」ではない。そもそも「民族音楽」は西洋社会が自分たちと異なる地域の音楽をまとめるために使い始めた用語であって、その背景には自分たちの音楽を非・民族音楽として、他の地域の音楽を民族音楽とする発想がある。しかし、どの音楽も人間の集団が作って伝承してきたものであるから、その集団の民族性と無関係な音楽はない。したがって、すべての音楽が民族音楽なので、この言葉で音楽を区別することはできない。

　民族音楽学が対象とするのは世界の音楽、人類の音楽である。国によっては、伝統音楽、民俗音楽、古典音楽、ポピュラー音楽などの区別が用いられているが、民族音楽学はそのどれをも対象とする。

　日本語の民族音楽学は英語のethnomusicologyの訳語である。この英語がはじめて使われたのは第二次大戦後の1950年であるが、それ以前から民族音楽学の考え方が思想の中にも、音楽研究の中にも見られるので、それらをまず概観する。

　人々は自分たちのものとは異なる音楽に関心をもっていた。前5世紀ギリシアのヘロドトスHerodotosが『歴史』においてエジプト人の音楽実践を記したのが、その古い例である。この態度を異文化への関心と呼ぶことにしよう。同じくギリシアのアリストテレスAristoteles（前384-前322）は、その『政治学』において、ギリシアのどの地域の音楽を子供の音楽教育に使うべきかを記しているが、それは地域が違えば音楽が違うことを認識して、人間と音楽の関係から音楽を選んだからである。

　中国古代の孔子（前551-前479）も、音楽の響きそのものの違いをよく把握すると同時に、音楽が人間の形成に及ぼす影響をよく理解していた。だか

らこそ、『論語』が伝えるように、堕落している鄭という国の音楽を批判して「鄭声の雅楽を乱すことをにくむ」、つまり、悪い音楽がよい音楽を乱すことを注意したのである。これも人間と音楽の関係を考えての発言である。

異文化の音楽への強い関心から、それを導入して、自分たちの文化を豊かにする態度が生まれた。古代の中国が西域に限らず多くの地域の音楽を導入し、奈良時代の日本がアジア大陸の多様な音楽を導入したのがその例である。大航海時代を経て人の動きが活発になると、異文化の音楽がさらに広く相互に知られるようになり、その記述が増加した。17世紀初めにポルトガル人が『日葡辞書』を作り、そこにwongacuやxiamisenなどの項目を立て、それぞれを「音楽」「三弦の楽器」と説明しているのは日本人が行なっている音楽への関心があったからである。

音楽学の領域では1885年に記念すべき論文が2つ現れた。1つがオーストリアのグイード・アードラーGuido Adler（1855-1941）による「音楽学の範囲・方法・目的」（Adler 1885、英訳はMugglestone 1981）である。彼は音楽学を歴史的部門と体系的部門の2つに大別して、それぞれに4つの下位部門を設けた。彼が体系的な部門の最後に位置づけたのが比較音楽学vergleichende Musikwissenschaftで、それを次のように述べている。「体系的な部門の中の、新しく、また、きわめてやりがいのある下位部門が比較音楽学であり、それはさまざまな民族、土地、領土の音楽作品とりわけ民謡を、民族誌的な目的のために比較し、それらの特性の相違によって、まとめたり分けたりすることを課題とする」（Adler 1885: 14）。なお、アードラーはこの下位部門をドイツ語で「ムジコロギー」Musikologieと呼んだが、この言葉はフランス語では音楽学の全体を指すので、その後は比較音楽学という用語が一般化した。比較音楽学がアードラーによって音楽美学や音楽教育学とともに音楽学の中に位置づけられたため、その研究がドイツ語圏の大学で盛んになった。

1885年に発表されたもう1つの重要な論文が英国のアレグザンダー＝ジョン・エリスAlexander John Ellis（1814-1890）による「諸国民の音階」（Ellis 1885、なお日本語訳は『諸民族の音階』エリス 1951）である。彼は音楽理論書とともに、当時入手できた多くの楽器を計測し、可能な限りの音を聴い

て、ギリシア・アラビア・インド・ジャワ・中国・日本の音階を調査した。その過程で考案されたのが平均律の半音を100セントとする音程の単位である（計算方法は徳丸 1991: 27を参照）。彼は音程を振動数の比ではなく、感覚で把握しやすいように半音からの差異で示すことによって、多様な音階の特徴を明らかにした。エリスは多様な音階を統一的な理論で無理に説明することをせず、また、音階の中に序列を設けることもせず、ただそれらの多様性を正確に把握しようとした。したがって、彼はこの論文の終わりで、音階が１つではなく、自然なものでもなく、きわめて多様であり、きわめて人工的であり、そして、きわめて気まぐれなものである（Ellis 1885: 526）、と結論づけたのである。

　上の２つの論文より少し前にアメリカのセオドア・ベイカーTheodore Baker（1851-1934）がライプツィヒ大学に提出した博士論文『北アメリカ未開人の音楽について』（Baker 1882）は、アメリカ先住民族のセネカの人々が「音楽をもっている」事実を明らかにした。ベルリン大学の心理学教授であったカール・シュトゥンプCarl Stumpf（1848-1936）はカナダ西海岸に住むベラクーラの人々が音階をもち、しかも、歌がそれぞれ機能（愛、踊り、悲しみなど）をもっていることを明らかにした（Stumpf 1886）。この２人の研究は、当時の西洋社会で野蛮人とか未開人といわれていた人間の集団も、音楽に関しては自分たちと違わないことを示した点で重要な功績である。

　こうした比較音楽学の進展に大きく貢献したのが、シュトゥンプの影響を受けたエーリヒ＝モーリツ・フォン・ホルンボステルErich Moritz von Hornbostel（1877-1935）である。彼はシュトゥンプが設立したばかりの録音資料室につとめ、後にベルリン大学教授として多くの後進を指導した。彼はユダヤ系であったため、ナチ政権から逃れてベルリンを去ったが、その教えを受けた人々が第二次大戦後の北アメリカと欧州の比較音楽学と後の民族音楽学の発展に大きな貢献を果たした。

　ホルンボステルは録音機が使用できるようになった時代に研究を始めたので、比較音楽学の目的を、世界中から音楽のデータを録音で集めて、音・音階・旋律・リズムなどの音楽構造の諸相を比較検討することによって、個々の現象を正確に記述することに置いた。また、彼は自然科学の影響により、

個別性を記述するだけでなく、類似性の把握から法則定立に向かうことも目的にしていた（Hornbostel 1905）。彼は新しいメディアであった映画も使って舞踊の記録を取ることも考え、人類の貴重な文化資源がヨーロッパ文明の影響で失われることがないように、関係者に力を合わせようと呼びかけも行なった（Hornbostel 1907）。ホルンボステルは同僚のオットー・アブラハムOtto Abraham（1872-1926）とともに1901年にベルリンを訪問した川上音二郎（1864-1911）・川上貞奴（1872-1946）一座の演奏を蝋管で録音し、彼らへのインタビューも用いて「日本人の音組織と音楽についての研究」（Abraham; Hornbostel 1903）という学術論文を発表している。なおホルンボステルは社会における音楽にも興味をもっていたので、その比較音楽学の研究対象に音楽実践を組み入れた。彼が、ヨーロッパの庶民が声の音楽だけで満足しているのに対して、「日本では器楽はどこでも演奏されている。箏の一面、あるいは少なくも三味線の一丁もない家庭はないようだ。貧しい花嫁でも、結婚の際には嫁入りの道具として自分の箏と三味線を貰う」（Abraham; Hornbostel 1903, 独英対訳Wachsmann; Christensen; Reinecke 1975: 54-55）と記しているのが、その例である。しかし、彼は現在の研究者と違って外国での調査を行なっていないので、現地での観察を必要とする音楽実践よりも、録音から調査できる側面を中心に研究を続けた。

　19世紀後半から20世紀初頭にかけて、ヨーロッパにアジア・アフリカ・南北アメリカの楽器が大量に伝えられた。楽器を研究する場合、現在はそれぞれの土地でどのように使われているか、どのような音楽を作るために用いられているか、といった問題がまず重視される。そのためには、楽器が使われている土地に行かなければならない。これができなかった比較音楽学の時代でも、楽器はモノとして直接に観察できるため、研究者にとっての大きな情報源であった。一方、博物館に勤務するものは、見たこともない楽器の分類に苦心した。ベルギーのブリュッセル音楽院がインドから98個もの楽器を寄贈された時、担当者のヴィクトール・マイヨンVictor Mahillon（1841-1924）は音楽院で伝統的に使われてきた管・弦・打・鍵盤楽器という分類では説明できないことを知り、新しい分類方法を考案しなければならなかった。それが、自鳴楽器、膜鳴楽器、気鳴楽器、弦鳴楽器の分類である。この分類は楽

器の演奏法によってではなく、音を出す物体の違いに基づくもので、振動がどのように起こるかを出発点にするものである（徳丸 2016：8章を参照）。

　ホルンボステルも楽器分類に関心をもち、ベルリンにいたクルト・ザックスCurt Sachs（1881-1959）とともにこの問題を考え、マイヨンの分類を使いながら、それをより詳細にした新しい分類法を「楽器の体系」（Hornbostel; Sachs 1914、ホルンボステル；ザックス 1993）として発表した。それが今日、発案者の頭文字をとってMHS法、あるいはHS法と呼ばれている分類法である。なおマイヨンの自鳴楽器はこの分類で体鳴楽器に改められた。この分類法も多様な楽器を発音原理に従って整理することを目的としたものであるから、楽器が使われる脈絡も、それぞれの文化が作ってきた分類法も考慮していない。しかし、それぞれの地域で固有の名前で呼ばれてきた楽器が、同じ種類か違う種類かを判定するのには有効である。

　さて、ホルンボステルやザックスがベルリンで文献、録音資料、楽器を使って仕事をしていた時期に、インドネシアに長期滞在してその音楽を調査していた人がいた。それがオランダのヤープ・クンストJaap Kunst（1891-1960）である。ホルンボステルが「比較」が比較音楽学に固有な方法ではないと指摘したのを受けて、クンストはこの分野により相応しい名称として、民族学ethnologyと音楽学musicologyを合成した「民族‐音楽学」ethno-musicologyを提案し、後にこれをハイフンなしの民族音楽学ethnomusicologyに修正した。クンストの民族音楽学では、「西洋の芸術音楽とポピュラー音楽」は除外されるが、「いわゆるプリミティヴな民族から文明化された国民までの、人類文化のすべての層がもつ「伝統」音楽と楽器」（Kunst 1959: 1）が研究対象とされる。1980年代までの学会の研究動向はクンストの定義に沿っていたが、私はクンストに反対して『民族音楽学』（徳丸 1991）の14章を「ベートーヴェンの民族音楽学」とした。

　クンストが提案した民族音楽学はアメリカ合衆国ですぐに受け入れられ、1955年には民族音楽学会Society for ethnomusicologyが設立された。19世紀からのアメリカ先住民族の研究もこの中に組み込まれた。この学会の設立に功績のあったウィラード・ローズWillard Rhodes（1901-1992）、デヴィド・マカレスターDavid McAllester（1916-2006）、アラン・メリアムAlan

Merriam（1923-1980）それに、彼らよりすこし若く現在も活動しているブルーノ・ネトルBruno Nettlが、民族音楽学の構築に貢献したのは自国の先住民族の研究によってである。たとえば、マカレスターは『エネミー・ウェイ儀礼の音楽：ナヴァホ音楽に見る社会的価値と美的価値の研究』（McAllester 1954）によって、音楽を独立した音響としてではなく、儀礼の諸段階に置いて観察する方法を提示して、民族音楽学の方向を定めた。

　1964年にメリアムがこの分野を概観する本を出版した。彼は民族音楽学における人類学的な側面を強調するために書名を『音楽人類学』（Merriam 1964、日本語訳　メリアム 1980）としたが、内容は民族音楽学の研究方法である。彼はまず民族音楽学を「文化における音楽の研究」the study of music in cultureと規定して、その課題を音楽に関する概念（価値、態度、信念）、行動、音響の三者の関係の研究とした。具体的な研究の作業では、第一段階：野外調査（フィールドワーク）、第二段階：民族誌的・民族学的資料と音楽資料の分析、第三段階：資料の総合、の３段階を認め、第一段階を重視した。第一段階で着目すべき項目として挙げられているのが、物質文化、歌詞、音楽のカテゴリー、音楽家、用途と機能、創造的・文化的活動である。音楽構造を中心とする研究では忘れられがちであった、こうした項目の指摘は大きな意義をもつ。メリアムはこれらの項目を具体的に観察するために、音響の観察や聴取よりも、音楽に関する次の４種の行動に着目することを提案する。それらは身体行動、言語行動、社会行動、そして学習である（これらの具体的な例は徳丸 1991: 17-22、徳丸 2016：10章を参照）。

　メリアムがこの著作で言及した音楽様式は限られており、また、その記述は抽象的であり、問題を列挙する性格が強い。しかし、この性格は欠陥ではなく、さまざまな音楽の研究に応用し、展開できるという意味で長所である。私も日本・ミャンマー・ヴェトナムの音楽を扱う際に、メリアムの項目からそれまで気が付かなかった点を発見することができた。イギリスのジョン・ブラッキング John Blacking（1928-1989）も私と同じ考えで、次のように記している。「メリアムの重要な著作『音楽人類学』は、文化における音楽を研究する必要を強調している。ここからいえることは、音楽が人間の行動とみなされるならば、音楽の音響を独立に分析することはもはや不可能で

あり、それは文化における音響として研究されなければならない、ということである」(Blacking 1967: 5)。

このように、文化における音楽、あるいは社会的な脈絡における音楽を研究するためにはフィールドワークが基本となるため、民族音楽学では比較的小さな人間の集団を対象にする傾向があった。あるいは、大きな集団を対象にしても、その中の特定の音楽ジャンルを扱う傾向が生まれた。ヴェンダの人々（南アフリカ）を扱ったブラッキングの場合と同様、パラオを扱った山口修（山口 1991）、プナンの人々（マレーシアのボルネオ）を扱った卜田隆嗣（卜田 1996）、そして本書の多くの執筆者たちが特定の集団や特定のジャンルを研究してきたのは、そのためである。

一方で人間と音楽との関係、生産手段や社会の掟などと音楽との関係を一般化するためには、小さな地域における人間と音楽の関係をより大きな枠組みに置いて比較する必要がある。民族音楽学の初期にこれを行なったのがアメリカのアラン・ローマックス Alan Lomax（1915-2002）である。彼は世界の233の文化から録音の形で音楽を集め、それぞれを36項目に及ぶ尺度で評価して、さらに、それらの音楽的な特徴と社会構造との相関を調べた（Lomax 1968、徳丸 1991：6章、10章参照）。彼はまず歌と社会組織の関係に注目したので、その方法を計量歌学 cantometrics と名付けた。しかし、彼は名前を変えずに器楽も対象にしたので、私はこれを計量音楽学と呼ぶことにし、後でこれをローマックスに伝えた。彼はまた舞踊の動作と社会組織の関係を調べるための方法も提案した。それが choreometrics で、私は計量舞踊学と訳している。日本では「農耕民族だったので音楽がおとなしい」とか「狩猟民族だったのでリズムが跳ねる」という言説が好まれる。しかし、これを証明するためには、ローマックスのように手順を明確にしなければならない。なお、彼の試みが大きな批判を受けたのは、それぞれの文化を代表させた音楽の曲数が少なかったことが大きな原因である。私は1960年代にコンピューターを使ったので、彼が大量のデータを扱うことができなかったことに同情してきた。現在は当時と比較にならない程大量のデータを処理することができるので、彼の着想が見直されるであろうが、その際に問題になるのは、文化の区分、その文化を代表する音楽例の選択、そして比較の観点の有

効性の検討であろう。

　現地調査（フィールドワーク）を行なっても、研究者が異文化の音楽を現地の人々のように把握できるかは疑問がある。たとえば、音色の変化が重要で、音高が重要でない音楽を、五線譜を使って音高だけを詳細に採譜しても、それは現地の聴き方を反映していない。これを避けるためには、異文化の音楽性を獲得すればよいと考えたのがアメリカのマントル・フッドMantle Hood（1918-2005）である。彼は民族音楽学の学生に対して、育った音楽の他にもう1つの音楽を習得させて二重音楽性bi-musicalityを獲得させることを考えた。彼がヒントにしたのは、日本の宮内庁楽部の音楽家たちが雅楽と西洋音楽を学んでいたことであった（Hood 1960）。二重音楽性の概念は音楽性が1つではないことを前提にしている。言いかえれば、どの音楽にも適用できる音楽性はなく、それぞれの音楽に対応する音楽性があることを認めたことになる。しかし、この本の執筆者の多くがそうであるように、現在は2つ以上の音楽性を獲得している人が多い。こうした事情を考慮して、イギリスのジョン・ベイリーJohn Bailyは二重音楽性の代わりにintermusabilityという用語を提唱している。最初のinterは「1つ以上」を示す接頭辞で、musabilityはmusical ability「音楽能力」を縮めて作った彼の用語である。私はこれを「多音楽能力」と訳すことにする。この概念の背景には、音楽性musicalityを個人が音楽能力を発展させるためにもっている内在的な可能性とする考えがある。つまり、音楽性は1つであっても、それによって獲得されるのが多様な音楽能力であり、人によってそれが複数になる、という考えを示すものである。これはスイスの言語学者フェルディナン・ドゥ・ソシュールFerdinand de Saussure（1857-1913）が、人間を他の動物から区別するための条件としてランガージュを考え、それを言語（ラング）を使用するための潜在的能力としたことを思い出させる（徳丸 2008: 115）。私も、このランガージュの意味での音楽性ならば、1つと考えることに賛成している。なお、フッドの二重音楽性もベイリーの多音楽能力も演奏のためだけではなく、異なる音楽様式を聴くためにも必要とされるものである。

　半世紀以上前の民族音楽学には、比較的小さな社会や音楽ジャンルを安定したものとみなす傾向があった。しかし、現在では、小さな社会も他の世界

と無関係ではありえず、変化を受け、その音楽も変化を続けている。メリアムは民族音楽学を「文化の中の音楽の研究」と定義したが、文化も音楽も現在では急速に変容している。アメリカのティモシー・ライスTimothy Riceが「歴史的構築」、「社会的維持」、「個人の創作と経験」が相互に影響を与えている事実を民族音楽学は注目すべきだと指摘した（Rice 1987、ライス 2001）が、この三者関係は文化と音楽の変化を理解する枠組みとして有用である。そして、これらの三者が国や地域の文化政策で規定されていることを考えれば、民族音楽学は文化政策、そして、文化政策から影響を受ける音楽教育とも深い関わりをもつことになる。

　これからの民族音楽学は、ある音楽を文化において記述するだけでなく、その音楽が消滅しないように努力することも目的にしなければならない。かつて私は研究成果を現場に戻すという意味でフィールドバックfieldbackという言葉を作った（Tokumaru 1977: 11, Tokumaru 2005: 9）。この概念には、研究者が現場との絶え間ない対話を通して、必要な音楽を活性化して伝承を確実にする行為も含まれる。読者の皆さまには、本書のそれぞれの論考から、こうした新しい考え方を読みとって頂き、民族音楽学全体が人間と音楽の関係の解明に貢献していることを知って頂ければ幸いである。

あとがき

　手のひらにおさまるスマートフォンで世界中の音楽や舞踊の動画が見られ、また部屋から一歩も出ず、誰にも会わなくても、コンピュータ1台で音楽をネット配信できる時代になった。無料でダウンロードした音楽は飽きれば消去され、また新しい音楽が回転寿司のようにどこかから供給される。音楽は耳を通り過ぎていく「情報」として消費されているように見える。しかし本書で見てきたように音楽が私たちにもたらす力は、あまりにもリアルで身体的であり、人々を心の奥底から揺り動かし続けている。「情報」というような無機質なことばにおさまりきらない、神話的ともいえる音楽の力はテクノロジーの時代にも健在である。音楽の響きやかたちが時と場所によって自在に姿を変えるように、音楽の力をつかまえようとする学問的なアプローチも常に変化し続けている。この本を通して、民族音楽学者たちの最新の研究成果とその視点に触れていただけたら幸いである

　日本の民族音楽学を牽引する第一線の諸先輩・同輩とともに、1冊の書物を作りあげることができたことは、研究者としてたいへん光栄なことであり、編集作業から多くを学ばせていただいた。ご多忙の中、本書のために尽力してくださった執筆者の皆様に厚く御礼を申し上げたい。恩師である徳丸吉彦先生には、本書の企画段階から校正に至る作業の諸段階でさまざまなご意見を賜り、未熟な私の編集作業を支えていただいただけでなく、民族音楽学の流れを俯瞰する終章をご寄稿いただくことができた。また本書は、音楽之友社出版部の上田友梨さんの情熱と丹念な作業なしには生まれえなかった。いたらないところの多い私に何とか編者の任が果たせたのは、ひとえに皆さんのおかげである。この場を借りて心からの感謝の意を表したい。

　この本に関わったすべての人々の音楽への思いと学問的な情熱が、読者の知的好奇心に火をつけることができたなら、この上ない幸せである。

増　野　亜　子

引用・参考文献

[日本語・韓国語文献]（50音順）

青木　恵理子
　　2013　「声の汚染—フローレスにおける身体と心と言葉」菅原　和孝（編）『身体化の人類学—認知・記憶・言語・他者』京都：世界思想社：285-304.

安倍　完爾；佐々木　孝治；小西　弘蔵；畠山　善栄；熊谷　曉（編）
　　2003　『即興詩人の郷—全県かけ唄大会五十回記念誌』六郷町，秋田県：六郷町かけ唄保存会.

アンダーソン，ベネディクト
　　2004　『増補　想像の共同体—ナショナリズムの起源と流行』白石　さや；白石　隆（訳）東京：NTT出版．（初版　東京：リブロポート，1987）

李　仁子（イ　インジャ）；金谷　美和；佐藤　知久（編）
　　2008　『はじまりとしてのフィールドワーク——自分がひらく，世界がかわる』京都：昭和堂.

李　淑姫（イ　スッキ）
　　2006　「宗廟祭礼楽楽章の音楽的変化」『韓国音楽研究』39: 237-265.【韓国語】

井上　貴子
　　2006　『近代インドにおける音楽学と芸能の変容』東京：青弓社.

岩本　通弥（編）
　　2013　『世界遺産時代の民俗学：グローバル・スタンダードの受容をめぐる日韓比較』東京：風響社.

ヴァン＝マーネン，ジョン
　　1999　『フィールドワークの物語——エスノグラフィーの文章作法』森川　渉（訳）東京：現代書館.

上杉　富之
　　2009　「「グローカル研究」の構築に向けて：共振するグローバリゼーションとローカリゼーションの再対象化」『日本常民文化紀要』27: 218-186.

植村　幸生
　　1998　『韓国音楽探検』東京：音楽之友社.
　　2005　「創出された伝統：解放後の韓国における《大吹打》の復興」櫻井　哲男；水野　信男（編）『諸民族の音楽を学ぶ人のために』京都：世界思想社：59-81.
　　2013　「《アリラン》の複数性と複合性：葛藤と統合のなかで」『韓国朝鮮の文化と社会』12: 7-18.

ウェルチ，グラハム F.
　　2012　「コミュニケーションとしての歌唱」星野悦子（訳）ミール，ドロシィ：マクドナルド，レイモンド；ハーグリーヴス，デーヴィッド・J（編）『音楽的コミュニケーション：心理・教育・文化・脳と臨床からのアプローチ』東京：誠信書房.
梅田　英春
　　2009　『バリ島ワヤン夢うつつ――影絵人形芝居修行記』東京：木犀社.
NHK交響楽団（編）
　　1974　『日本と世界の楽譜』（楽譜の世界3）東京：日本放送出版協会.
江渕　一公
　　2000　『文化人類学』東京：放送大学教育振興会.
エマーソン，ロバート　M.；フレッツ，レイチェル I.；ショウ，リンダ L.
　　1998　『方法としてのフィールドノート――現地取材から物語作成まで』佐藤郁哉；好井　裕明；山田　富秋（訳）東京：新曜社.
エリス，アレクザンダー・ジョン
　　1951　『諸民族の音階』門馬　直美（訳）東京：音楽之友社.
大塚　和義
　　2011　「国立民族学博物館におけるアイヌ研究と博物館活動の過去・現在・未来」『国立民族学博物館研究報告』36(1): 113-141.
小川　学夫
　　1989　『歌謡（うた）の民俗―奄美の歌掛け』東京：雄山閣.
小塩　さとみ
　　2003　「数字譜の歴史」金子　敦子（監修）『大正琴図鑑』東京：全音楽譜出版社：140-150.
　　2014　「音楽面からみた秋保の田植踊」仙台市教育委員会『「秋保田植踊」の歴史と現在―秋保の田植踊民俗文化財調査―（仙台市文化財調査報告書第421集)』仙台：仙台市教育委員会：232-282.
オング，ウォルター　J.
　　1991　『声の文化と文字の文化』桜井　直文 他（訳）東京：藤原書店.（原著は1982年出版）
懸田　弘訓
　　2014　『福島県域の無形民俗文化財被災調査報告書　2011 - 2013』二本松：民俗芸能学会福島調査団.（http://mukei311.tobunken.go.jp/からも閲覧できる）
梶丸　岳
　　2013　『山歌の民族誌：歌で詞藻を交わす』京都：京都大学学術出版会.
　　2014a　「「歌垣」から歌掛けへ：歌掛けの民族誌的研究に向けて」『社会人類学

年報』40: 133-150.
  2014b 「秋田県の掛け合い歌「掛唄」の今」『民俗音楽研究』39: 49-60.
  2015 「現成する場所，立ち現われる身体：掛け合い歌における身体の二重性」佐藤　知久；比嘉　夏子；梶丸　岳（編）『世界の手触り：フィールド哲学入門』京都：ナカニシヤ出版：41-54.
梶原　景昭
  1998 「課題としての文化」青木　保；内堀　基光 他（編）『文化という課題』（岩波講座 文化人類学 13）東京：岩波書店: 3-16.
加藤　義男（編）
  2007 『金澤八幡宮伝統掛唄秋田県無形民俗文化財指定15周年記念誌』横手：金澤八幡宮伝統掛唄保存会.
金光　真理子
  2006 『サルデーニャの舞踊音楽の構造――ラウネッダスの舞踊曲におけるイスカラの概念――』（東京藝術大学博士論文）
  2008a 「サルデーニャ舞踊における音楽と舞踊の相関関係」『舞踊学』31: 10-21.
  2008b 「ラウネッダスの舞踊曲の「理論」と「実践」――ラウネッダス奏者の言説の考察を通して――」『地中海学研究』30: 51-70.
カルコシュカ，エルハルト
  1978 『現代音楽の記譜』入野　義朗（訳）東京：全音楽譜出版社.
川田　順造
  1988 『聲』東京：筑摩書房.
吉川　周平
  1970 「研究の手引き」芸能史研究会（編）『日本の古典芸能 6 巻　舞踊：近世の歌と踊り』東京：平凡社：313-335.
木村　大治
  2003 『共在感覚：アフリカの二つの社会における言語的相互行為から』京都：京都大学学術出版会.
クリフォード，ジェイムズ
  2003 『文化の窮状―二十世紀の民族誌，文学，芸術』太田　好信 他（訳）東京：人文書院.
クリフォード，ジェイムズ；マーカス，ジョージ
  1996 『文化を書く』春日　直樹；足羽　與志子；橋本　和也；多和田　裕司；西川　麦子；和邇　悦子（訳）東京：紀伊國屋書店.
コーエン，ロナルド　D.（編）
  2007 『アラン・ローマックス選集：アメリカン・ルーツ・ミュージックの探求 1934-1997』柿沼　敏江（訳）東京：みすず書房.

コーエン，ロビン
 2001 『グローバル・ディアスポラ』駒井　洋（監訳），角谷　多佳子（訳）東京：明石書店．
酒井　正子
 1996 『奄美歌掛けのディアローグ——あそび・ウワサ・死』東京：第一書房．
ザックス，クルト
 1970 『音楽の源泉——民族音楽学的考察』福田　昌作（訳）東京：音楽之友社．
佐藤　知久
 2013 『フィールドワーク2.0——現代世界をフィールドワーク』東京：風響社．
佐藤　直子
 2007 「無形文化遺産に関するユネスコの取り組みを振り返って」植木　行宜（監修），鹿谷　勲；長谷川　嘉和；樋口　昭（編）『民俗文化財—保護行政の現場から』東京：岩田書院：344-361．
澤田　昌人
 1996 「音声コミュニケーションがつくる二つの世界」菅原　和孝；野村　雅一（編）『コミュニケーションとしての身体』東京：大修館書店：222-245．
塩谷　達也
 2003 『ゴスペルの本　from boom to soul』東京：ヤマハミュージックメディア．
柴田　南雄；遠山　一行（総監修）
 1993-1995 『ニューグローヴ世界音楽大事典』東京：講談社．
卜田　隆嗣
 1996 『声の力：ボルネオ島プナンのうたと出すことの美学』東京：弘文堂．
スモール，クリストファー
 2011 『ミュージッキング：音楽は〈行為〉である』野澤　豊一；西島　千尋（訳）東京：水声社．
高橋　悠治
 2007 「声と歌」徳丸　吉彦；高橋　悠治；北中　正和；渡辺　裕（編）『世界音楽の本』東京：岩波書店：72-73．
竹内　敏晴
 2007 『声が生まれる』東京：中央公論社．
田中　健次
 1998 『電子楽器産業論』東京：弘文堂．
田中　健次；徳丸　吉彦；富山　清琴；野川　美穂子
 2013 『地歌・箏曲の世界——いま甦る初代富山清琴の芸談』東京：勉誠出版．
谷本　一之
 2000 『アイヌ絵を聴く：変容の民族音楽誌』札幌：北海道大学図書刊行会．

塚田　健一
　2014　『アフリカ音楽学の挑戦：伝統と変容の音楽民族誌』京都：世界思想社.
塚原　康子
　2010　「明治10年（1877）S. M.タゴールが日本に寄贈したインド楽器と音楽書」
　　　　藤井　知昭；岩井　正浩（編）『音の万華鏡』東京：岩田書院：305-326.
柘植　元一
　1991　『世界音楽への招待―民族音楽学入門』東京：音楽之友社.
　1997　「イラン音楽への招待（第8回）―二人の師匠―」『chashm』（日本イラン協会ニュース，東京）：69: 48-53.
寺田　吉孝
　2008　「南インド古典音楽におけるリズム的身体」山田 2008: 228-247.
寺田　吉孝（監修）
　2013　『みんぱく映像民族誌 第 8 集：怒―大阪浪速の太鼓集団』吹田：国立民族学博物館.
徳田　健一郎
　2015　「発言地方から 『ジャンベ』が伝える誇り」『毎日新聞』2015年 3 月24日朝刊11面.
徳丸　吉彦
　1991　『民族音楽学』東京：放送大学教育振興会.
　1996　『民族音楽学理論』東京：放送大学教育振興会.
　2008　『音楽とは何か：理論と現場の間から』東京：岩波書店.
　2016　『ミュージックスとの付き合い方：民族音楽学の拡がり』東京：左右社.
徳丸　吉彦；薦田　治子；野川　美穂子
　1994　「日本　V．記譜法」．柴田；遠山 1994: 12: 233-245.
等々力　政彦
　1999　『シベリアをわたる風：トゥバ共和国，喉歌の世界へ』神戸：長征社.
トレヴァー＝ローパー，ヒュー
　1992　「伝統の捏造―スコットランド高地の伝統」ホブズボウム，エリック；レンジャー，テレンス（編）『創られた伝統』前川　啓治；梶原　景昭 他（訳）東京：紀伊国屋書店：29-72.
中原　ゆかり
　1989　「コミュニケーションとしての歌」『日本歌謡研究』28: 55-63.
　1997　『奄美のシマの歌』東京：弘文堂.
中村　美奈子
　2011　「舞踊記譜法――用途，歴史，分類そして応用――」『アートリサーチ（立命館大学R-Cube）』89-100.

「浪速部落の歴史」編纂委員会（編）
 2002 『太鼓・皮革の町――浪速部落の300年――』大阪：解放出版社.

南　相淑（ナム　サンスク）
 2009 『朝鮮朝宮中音楽の断絶と『俗楽源譜』』ソウル：民俗苑.【韓国語】

名和　小太郎
 2006 『情報の私有・共有・公有―ユーザーから見た著作権―』東京：NTT出版.

西川　麦子
 2010 『フィールドワーク探求術――気づきのプロセス，伝えるチカラ』京都：ミネルヴァ書房.

日本放送協会
 2010 NHKスペシャル『夢の新薬が作れない―生物資源をめぐる闘い―』（総合テレビ10月11日放送）

野村　萬斎
 1999 『萬斎でござる』東京：朝日新聞社.

春畑　セロリ（監修）
 2009 『CD付　やさしくわかる　楽譜の読み方』東京：ナツメ社.

平野　健次；福島　和夫（編）
 1977 『日本音楽・歌謡資料集』東京：勉誠社.

フェルド，スティーヴン
 1988 『鳥になった少年――カルリ社会における音・神話・象徴』山口　修；山田　陽一；卜田　隆嗣；藤田　隆則（訳）東京：平凡社.

福岡　正太
 2013 「民博と音楽」人間文化研究機構監修『HUMAN――知の森へのいざない』東京：平凡社：4: 116-121.

福富　友子
 2010 「カンボジアの大型影絵芝居スバエク・トムのふたつの形―国家が創る『国民文化』と語られない民間伝承」『聖心女子大学大学院論集』32(2): 48-28.
 2013 「大型影絵芝居スバエク・トムに見るカンボジアのラーマーヤナ―魔物を主人公とする構成に焦点をあてて」『東京外大東南アジア学』18: 1-26.

ブラッキング，ジョン
 1978 『人間の音楽性』徳丸　吉彦（訳）東京：岩波書店.

ブルデュー，ピエール
 2001 『実践感覚』1; 2　今村　仁司；港道　隆（訳）東京：みすず書房.（原著は1988-1990年出版）

BENT, Ian D.; HILEY, David; BENT, Margaret; CHEW, Geoffrey
　1994　「記譜法」竹井　成美（訳）柴田；遠山 1994: 5: 273-330.
星野　紘
　2009　『村の伝統芸能が危ない』東京：岩田書院.
　2012　『過疎地の伝統芸能の再生を願って―現代民俗芸能論』東京：国書刊行会.
ポランニー，マイケル
　2003　『暗黙知の次元』高橋　勇夫（訳）東京：筑摩書房.
ホルンボステル，エーリヒ　M.：ザックス，クルト
　1993　「ホルンボステルとザックスによる楽器分類表」田島　みどり（訳）柴田；遠山　1993: 4: 565-577.
増野　亜子
　2014　『声の世界を旅する』東京：音楽之友社.
　2016　「民族音楽学者のフィールドノート――言葉をあつめて演奏と研究をつなぐ」椎野　若菜；丹羽　朋子；梶丸　岳（編）『フィールドノート古今東西』東京：古今書院：34-49.
松村　明（編）
　2006　『大辞林（第3版）』東京：三省堂.
マリノフスキ，ブロニスワフ　K.
　2010　『西太平洋の遠洋航海者』増田　義郎（訳）東京：講談社.（原著は1922年出版）
三隅　治雄
　1970　「民俗と芸術のあいだ」芸能史研究会編『日本の古典芸能6巻　舞踊：近世の歌と踊り』東京：平凡社：7-64.
ミズン，スティーヴン
　2006　『歌うネアンデルタール：音楽と言語から見るヒトの進化』熊谷　淳子（訳）東京：早川書房.
ミッテルマン，ジェームズ　H.
　2002　『グローバル化シンドローム―変容と抵抗―』田口　富久治；松下　冽；柳原　克行；中谷　義和（訳）東京：法政大学出版局.
皆川　達夫
　1985　『楽譜の歴史』東京：音楽之友社.
宮崎　江里香
　2004　「日系アメリカ人の「ローカル」アイデンティティをめぐる一考察――Rice対Cayetano裁判と多文化社会ハワイ」『多元文化』4: 179-190.
三好　豊
　2008　『新版　著作権法』東京：中央経済社.

メリアム，アラン　P.
　1980　『音楽人類学』藤井　知昭；鈴木　道子（訳）東京：音楽之友社．（原著は1964年出版）
モース，マルセル
　1997　『社会学と人類学II』有地　亨；山口　俊夫（訳）東京：弘文堂．（原著は1976年出版）
森岡　一
　2005　「薬用植物特許紛争にみる伝統的知識と公共の利益について」『特許研究』40: 36-47.
山口　修
　1991　『水の淀みから―ベラウ文化の音楽学的研究』（大阪大学博士論文）
山田　陽一（編）
　2000　『自然の音・文化の音』京都：昭和堂．
　2008　『音楽する身体：〈わたし〉へと広がる響き』京都：昭和堂．
山本　宏子
　2002　『日本の太鼓，アジアの太鼓』東京：青弓社．
梁　鍾承（ヤン　ジョンスン）
　2001　「文化財保護法による巫俗伝承の環境変化とそれにもとづく考察」『比較民俗学』21: 147-156.【韓国語】
横道　萬里雄；蒲生　郷昭（解説・構成）
　1978　『口唱歌大系　日本の楽器のソルミゼーション』（LPレコード解説書）東京：CBSソニー，OOAG 457-461.
吉田　憲司
　2014　「驚異の部屋」国立民族学博物館編『世界民族百科事典』東京：丸善出版：532-533.
ライス，ティモシー
　2001　「民族音楽学の再モデル化に向けて」高橋　美樹；吉川　英樹（訳）『ムーサ：沖縄県立芸術大学音楽学研究誌』2: 93-116.
李　喆雨（リ　チョルウ）（監修）
　2003　『北と南のアリラン伝説』（CD）東京：キングインターナショナル，KKCC3005.
　2005　『アリランの謎』（CD）東京：キングレコード，KICG3230.
ロバートソン，ローランド
　1997　『グローバリゼーション―地球文化の社会理論』阿部　美哉（訳）東京：東京大学出版会．

[英語・ドイツ語・フランス語・ペルシャ語文献]（アルファベット順）

ABRAHAM, Otto; HORNBOSTEL, E. M. von
- 1903 "Studien über das Tonsystem und de Musik der Japaner." *Sammelbände der Internationalen Musikgesellschaft* 4: 302-360. Reprint *in* WACHSMANN; CHRISTENSEN; REINECKE 1975: 1-84.

ADLER, Guido
- 1885 "Umfang, Methode und Ziel der Musikwissenschaft." *Vierteljahrsschrift für Musikwissenschaft* 1: 5-20.

ALLEN, Rose Mary
- 2012 "Music in diasporic context: The case of Curacao and intra-Caribbean immigration." *Black music research journal* 32(2) Fall: 51-65.

ANDERSON, Benedict
- 1991 *Imagined communities: reflections on the origin and spread of nationalism.* (Revised edition) London and New York: Verso. (1st edition: 1983, London: Verso)

BAILY, John
- 1977 "Movement patterns in playing the herati dutār." *in* BLACKING, John (ed.) *The anthropology of the body.* London; New York; San Francisco: Academic Press: 275-330.
- 2008 "Ethnomusicology, intermusability, and performance practice." *in* STOBART 2008: 117-134.

BAKAN, Michael B.; BRYANT, Wanda; LI, Guangming; MARTINELLI, David; VAUGHN, Cathy
- 1990 "Demystifying and classifying electronic music instruments." *in* DEVALE 1990: 37-64.

BAKER, Theodore
- 1882 *Über die Musik der nordamerikanischen Wilden.* Leipzig: Breitkopf und Härtel.
- 1973 Reprint. New York: AMS Press.

BECKER, Judith
- 2004 *Deep listeners: music, emotion, and trancing.* Bloomington, Indiana: Indiana University Press.

BENTZON, Andreas Fridolin Weis
- 1969 *The launeddas: A Sardinian folk-music instrument.* 2 vols. Copenhagen: Akademisk Forlag.

BLACKING, John
1967 *Venda childeren's songs.* Johannesburg: Witwaatersland University Press.
1973 *How musical is man?* Seattle: The University of Washington Press.
1979 "The study of man as music-maker." *in* BLACKING, John; KEALIINO-HOMOKU, Joann W. (eds.) *The performing arts: Music and Dance.* The Hague: Mouton: 3-15.

CERIBAŠIĆ, Naila; HASKELL, Erica (eds.)
2006 *Shared musics and minority identities: papers from the third meeting of the "Music and Minorities".* Zagreb-Roč: Institute of Ethnology and Folklore Research - Cultural-Artistic Society "Istarski željezničar."

CLAYTON, Martin
2007 "Time, gesture and attention in a Khyal performance." *Asian Music* 38 (2): 71-96.

CLIFFORD, James
1988 *The predicament of culture: twentieth-century ethnography, literature, and art.* Cambridge, MA; London: Harvard University Press.

COLLINS, John
1993 "The problem of oral copyright: the case of Ghana." *in* FRITH 1993: 146-158.
2000 "High-technology, individual copyrights and Ghanaian music." *in* LAUER 2000: 183-201.

CRAIG, Timothy; KING, Richard (eds.)
2001 *Global goes local: popular culture in Asia.* Vancouver: University of British Columbia Press.

DEVALE, Sue Carole (ed.)
1990 *Selected reports in ethnomusicology volume VIII: issues in organology.* Los Angeles: Department of ethnomusicology and systematic musicology, University of California, Los Angeles.

ELLIS, Alexander John
1885 "On the musical scales of various nations." *Journal of the society of arts* 33: 485-527. Reprint *in* SHELEMAY 1990 (7): 1-43.

ESAKI, John (ed.)
2000 *Words, Weavings, and Songs* (VHS tape, 30 min. color). (editor: BOCH, Akira, cinematography: BOCH, Akira, music: IWATAKI, David). Los Angeles: Japanese American National Museum.

FAKHROLDINI, Farhād
2013 *Tajzie o tahlīl va sharh-e radīf-e Mūsīqī-ye Irān.* Tehran: Moin Publisher.

FAUDREE, Paja
2012 "Music, language, and texts: sound and semiotic ethnography." *Annual Review of Anthropology.* 41: 519-536.

FELD, Steven; BRENNEIS, Donald
2004 "Doing anthropology in sound." *American Ethnologist* 31(4): 461-474.

FELD, Steven; FOX, Aaron A.
1994 "Music and Language." *Annual Review of Anthropology* 23: 25-53.

FLETT, J.F. ; FLETT, T.M
1966 *Traditional dancing in Scotland.* Nashville, Tennessee: Vanderbilt University Press.

FRITH, Simon
1993 "Music and morality." *in* FRITH 1993: 1-21.

FRITH, Simon (ed.)
1993 *Music and copyright.* Edinburgh: Edinburgh University Press.

GIURCHESCU, Anca
2007 "A historical perspective on the analysis of dance structures in the International Folk Music Council (IFMC)/ International Council for Traditional Music (ICTM)." *in* KAEPPLER; DUNIN 2007: 3-18.

GIURCHESCU, Anca; KROSCHLOVÁ, Eva
2007 "Theory and method of dance form analysis. Revised version of the ICTM Study Group on Ethnochoreology collective work: Foundation for folk dance structure and form analysis." *in* KAEPPLER; DUNIN 2007: 21-52.

GIURCHESCU, Anca; TORP, Lisbert
1991 "Theory and methods in dance research: a European approach to the holistic study of dance." *Yearbook for traditional music* 23: 1-10.

GODØY, Rolf Inge; LEMAN, Marc (eds.)
2010 *Musical gestures: sound, movement, and meaning.* New York; London: Routledge.

GUY, Nancy
2002 "Trafficking in Taiwan aboriginal voices." *in* JAARSMA 2002: 195-236.

HANNA, Judith Lynne
1979 "Movements toward understanding humans through the anthropological study of dance." *Current Anthropology* 20(2): 313-339.
1987 *To dance is human: A theory of nonverbal communication.* Chicago; London: University of Chicago Press. (第1版 Austin, Texas: University of Texas Press, 1979)

1988 *Dance, sex and gender: Sign of identity, dominance, definance, and desire.* Chicago; London: University of Chicago Press.
HEMETEK, Ursula
2001 "Music and minorities: Some remarks on key issues and presuppositions of the study group." *in* PETTAN et al. 2001: 21-30.
HEMETEK, Ursula; MARKS, Essica; REYES, Adelaida (eds.)
2014 *Music and minorities from around the world: research, documentation and interdisciplinary study.* Newcastle upon Tyne: Cambridge Scholars Publishing.
HERZOG, George
1934 "Speech-melody and primitive music." *Musical Quarterly* 20: 452-466.
HIRSHBERG, Jehoash
1990 "Radical displacement. post migration conditions and traditional music." *The World of Music* 17: 68-85.
HOOD, Mantle
1960 "The challenge of 'bi-musicality.'" *Ethnomusicology* 4(2): 55-59.
HORNBOSTEL, Erich M. von
1905 "Die Probleme der vergleichenden Musikwissenschaft." *Zeitschrift der Internationalen Musikgesellschaft* 7: 85-97. Reprint *in* WACHSMANN; CHRISTENSEN; REINECKE 1975: 247-270.
1907 "Über den gegenwärtigen Stand der vergleichenden Musikwissenschaft." *in Bericht über den zweiten Kongress der Internationalen Musikgesellschaft zu Basel vom 25-27. September 1906.* Leipzig: Breitkopf und Härtel: 59-63. Reprint *in* SIMON 2000: 85-89.
1986 *Tonart und Ethos: Aufsätze zur Musikethnologie und Musikpsychologie.* Leipzig: Verlag Philipp Reclam jun.
HORNBOSTEL, Erich M. von; SACHS, Curt
1914 "Sytematik der Musikinstrument." *Zeitschrift für Ethnologie* 46: 533-590. Reprint *in* HORNBOSTEL 1986: 151-206.
1961 "Classification of musical instruments." (Translated by BAINES, Anthony and WACHSMANN, Klaus P.) *The Galpin Society Journal* 14: 3-29.
HOWARD, Keith (ed.)
2012 *Music as intangible cultural heritage: policy, ideology, and practice in the preservation of East Asian traditions.* Farnham, England: Ashgate. (SOAS Musicology Series)

HUGHES, David
　2000　"No nonsense: the logic and power of acoustic-iconic mnemonic systems." *British Journal of Ethnomusicology* 9(2): 93-120.
HUTCHINSON, Ann
　2013　*Labanotation: The system of analyzing and recording movement.* (原著は1977年出版) New York: Routledge.
I.F.M.C. Study group for folk dance terminololgy (ed.)
　1974　"Foundations for the analysis of the structure and form of folk dance: a syllabus (Report of the I.F.M.C. Study group for folk dance terminololgy 1972)." *Yearbook of the international folk music council* 6: 115-135.
IHDE, Don
　2007　*Listening and voice: phenomenologies of sound* (Second Edition). Albany, NY: State University of New York Press.
JAARSMA, S. R. (ed.)
　2002　*Handle with care: ownership and control of ethnographic materials.* Pittsburgh: University Pittsburgh Press.
JOHNSON, E. Patrick
　2005　"Performing blackness down under: Gospel music in Australia." *in* ELAM, Harry Jr.; JACKSON, Kennell (eds.) *Black cultural traffic: Crossroads in global performance and popular culture.* Ann Arbor, Michigan: The University of Michigan Press: 59-82.
JURKOVÁ, Zuzana; BIDGOOD, Lee (eds.)
　2009　*Voices of the weak: music and minorities.* Prague: NGO Slovo 21 & Charles University.
KAEPPLER, Adrienne L
　1972　"Method and theory in analyzing dance structure with an analysis of Tongan dance." *Ethnomusicology* 16: 173-217.
　1991　"American approaches to the study of dance." *Yearbook for traditional music* 23: 11-21.
　2007　"Ethnochoreology." *Grove Music Online.* Oxford University.
KAEPPLER, Adrienne L; DUNIN, Elsie (eds.)
　2007　*Dance structure; perspectives on the analysis of human movement.* Budapest: Akadémia Kiadó.
KARTOMI, Margaret J.
　1981　"The processes and results of musical culture contact: a discussion of terminology and concepts." *Ethnomusicology* 25: 227-250.

KEARNEY, Michael
 1996 *Reconceptualizing the peasantry: anthropology in global perspective.* Boulder, Colorado: Westview.
KOIZUMI, Fumio; TOKUMARU, Yoshihiko; YAMAGUCHI, Osamu (eds.)
 1977 *Asian musics from an Asian perspective.* Tôkyô; Heibonsha.
KONG, Vireak; PREAP, Chanmara
 2014 *Sbek thom.* [Phnom Penh]: UNESCO, Ministry of Culture and Fine Arts. (http://unesdoc.unesco.org/images/0022/002273/227352E.pdf)
KUNST, Jaap
 1959 *Ethnomusicology; A study of its nature, is problems, methods and representative personalities to which is added a bibliography.* 3rd edition. Reprint 1974. The Hague: Martinus Nijhoff.
KUROKAWA, Yoko
 2004 *Yearning for a distant music: Consumption of Hawaiian music and dance in Japan.* Ph. D dissertation; Honolulu, Hawaii: University of Hawaii of Manoa.
LAM, Joseph S.C.
 1991 "Embracing 'Asian American music' as an heuristic device." *Journal of Asian American Studies* 2(1): 29-60.
LAUER, Helen (ed.)
 2000 *Changing values/changing technologies.* Washington, D.C.: The Council for Research in Values and Philosophy.
LIST, George
 1963 "The boundaries of speech and song." *Ethnomusicology* 7(1): 1-16.
 1964 "Acculturation and musical tradition." *Journals of the International Folk Music Council* 16: 18-21.
LOCKE, David
 2013 "Call-and-response in Ewe Agbadza songs: one element in a network of musical factors." *Analytical approaches to world music* 3(1): 9.
LOMAX, Alan
 1968 *Folksong style and culture.* Washington D.C.: American Association for the Advancement of Science. Reprint, 1978 New Brunswick, New Jersey: Transaction Books.
MACIONIS, John J.; PLUMMER, Ken
 2002 *Sociology: a global introduction* (2nd ed.). Harlow (Essex), England: Person Education.

MACKERRAS, Colin
　2005　"Afterword." *in* UM 2005: 221-227.
MAHILLON, Victor-Charles
　1978　*Catalogue descriptif & analytique du Museé instrumental du Conservatoire royal de musique de Bruxelles*, v.1-5. Bruxelles: Amis de la musique.（初版は1880-1922）
MA'RŪFĪ, Mūsā
　1995　*Radīf-e Haft Dastgāh-e Mūsīqī-ye Irānī*. Tehran: Anjoman-e Mūsīqī-ye Irān. 3rd. ed.（原著は1963年出版）
MASHINO, Ako
　2009　"Competition as a new context for the performance of Balinese *gender wayang*." *Yearbook for traditional music* 41: 112-37.
MCALLESTER, David P.
　1954　*Enemy way music: a study of social and esthetic values as seen in Navaho music*. Cambridge, Mass.: The Peabody Museum of American archaeology and ethnology, Harvard University.
MERRIAM, Alan P.
　1955　"The use of music in the study of a problem of acculturation." *American Anthropologists* 57: 28-34.
　1964　*The anthropology of music*. Evanston, Illinois: Northwestern University Press.
MILLIGAN, Jean C.
　1951　*Won't you join the dance? : Manual of Scottish country dancing*. London: Paterson's Publications.
　1968　*Introducing Scottish country dancing*. Glasgow; London: Collins.
MILLS, Sherylle
　1996　"Indigenous music and the law: an analysis of national and international legislation." *Yearbook for traditional music* 28: 57-86.
MONSON, Ingrid T., ed.
　2003　*The African diaspora: Musical perspective*（Critical and Cultural Musicology 3）. New York: Routledge.
MORRISON, Cecily
　2004　"Culture at the core: Invented traditions and imagined communities. Part II: Community formation." *International review of Scottish studies* 24: 49-71.

MUGGLESTONE, Erica
  1981 "Guido Adler's 'The scope, method, and aim of musicology' (1885): an English translation with an historico-analytical commentary." *Yearbook for traditional music* 13: 1-21.
MYERS, Helen
  1993 "XV: North America; 2. African American music." *in* MYERS, Helen (ed.) *Ethnomusicology: Historical and regional studies*. New York: Norton: 418-432.
NARIMAN, Mansūr
  2012 *The method of playing the lute*. Tehran: Soroush Press.
NETTL, Bruno
  1978 "Some aspects of the history of world music in the twentieth century: Questions, problems, and concepts." *Ethnomusicology* 22: 123-36.
  1983 *The study of ethnomusicology: Twenty-nine issues and concepts*. Urbana, Illinois; Chicago: University of Illinois Press.
OMI, Michael
  1981-82 "Cultural fusion: An interview with Dan and June Kuramoto of Hiroshima." *Bridge: An Asian American perspective* 7(4).
PACKMAN, Jeff ; LIVERMON, Xavier
  2014 "Editors' notes: Culture industries and African diaspora." *Black Music Research Journal* 34(2): v-x.
PERETZ, Isabelle; COLTHEART, Max
  2003 "Modularity of music processing." *Nature Neuroscience* 6(7): 688-691.
PETTAN, Svanibor; REYES, Adelaida; KOAVEC, Maša (eds.)
  2001 *Music and minorities*. Ljubljana: ZRC Publishing.
PHILLIPS, Miriam
  2013 "Becoming the floor/ Breaking the floor: Experiencing the Katak-Flamenco connection." *Ethnomusicology* 57(3): 396-427.
PŪRTORĀB, Mostafa Kamāl et al.
  2007 *Mabānī-ye Nazarī va Sākhtār-e Mūsīqī-ye Irānī*, Tehran: Sāzmān-e Chap va Enteshārāt-e Vezārat-e Farhang va Ershād-e Eslāmī.
RAHAIM, Matthew
  2012 *Musicking bodies: gesture and voice in Hindustani music*. Middletwon, Connecticut: Wesleyan University Press.
RAMNARINE, Tina K.
  2007 *Musical performance in the diaspora*. New York: Routledge.

REYES, Adelaida
 2001 "Music, migration and minorities: Reciprocal relations." *in* PETTAN et al. 2001: 37-45.
RICE, Timothy
 1987 "Toward the remodeling of ethnomusicology." *Ethnomusicology* 31(3): 469-488. Reprint *in* SHELEMAY 1990: 2: 329-348.
RIOS, Fernando
 2014 ""They're stealing our music": The Argentinísima controversy, national culture boundaries, and the rise of a Bolivian nationalist discourse." *Latin American Music Review* 35(2): 197-227.
ROBERTSON, Roland
 1992 *Globalization: social theory and global culture.* London: Sage.
SCHELLENBERG, Murray
 2009 "Singing in a tone language: Shona." *in* OJO, Akinloye and MOSHI, Lioba (eds.) *Selected proceedings of the 39th annual conference on African linguistics:* 137-144.
SEEGER, Anthony
 1987 *Why Suyá sing: a musical anthropology of an Amazonian people.* Cambridge: Cambridge University Press.
 1996 "Ethnomusicologists, archives, professional organizations, and the shifting ethics of intellectual property." *Yearbook for traditional music* 28: 87-105.
SEITEL, Peter
 2002 "Defining scope of the term intangible cultural heritage." *in Paper presented at the international meeting on Intangible Cultural Heritage: Priority Domains for an International Convention, organized by UNESCO in Rio de Janeiro, Brazil, 22-24 January 2002*: 14.
SEITEL, Peter (ed.)
 2001 *Safeguarding traditional cultures: A global assessment.* Washington, D. C.: Center for Folklife and Cultural Heritage, Smithsonian Institution.
SHEEN, Dae-Choel (ed.)
 2013 *Arirang in Korean culture and beyond: Arirang from diverse perspectives.* Seongnam: The Academy of Korean Studies Press.
SHELEMAY, Kay Kaufman (ed.)
 1990 *The Garland library of readings in ethnomusicology: a core collection of important ethnomusicological articles in seven volumes.* New York; London: Garland Publishing.

SIMON, Artur (ed.)
  2000 *Das Berliner Phonogram-Archiv 1900-2000: Sammlungen der traditionellen Musik der Welt/ The Berlin phonogram-Archiv 1900-2000: Collections of traditional music of the world*. Berlin: Verlag für Wissenschaft und Bildung.
SOLLIS, Michael
  2010 "Tune-tone relationships in Sung Duna Pikono." *Australian Journal of Linguistics* 30(1): 67-80.
STOBART, Henry (ed.)
  2008 *The new (ethno) musicology*. Lanham, Maryland; London: The Scarecrow Press.
STUMPF, Carl
  1886 "Lieder der Bellakula=Indianer." *Vieteljahrsschrift für Musikwissenschaft* 2: 405-426. Reprint *Sammelbände für vergleichende Musikwissenschaft* (1922) 1: 87-103. Reprint *in* SHELEMAY 1990 (7): 45-61.
TALÂ'Ï, Dāryūsh
  1993 *Negaresh-e Nou be Te'orī-ye Mūsīqī-ye Irānī*. Tehran: Moassese-ye Farhangī - Honarī-ye Māhūr.
TOKUMARU, Yosihiko
  1977 "On the method of comparison in musicology." *in* KOIZUMI; TOKUMARU; YAMAGUCHI 1977: 5-11. Reprint *in* TOKUMARU 2005: 1-12.
  2005 *Musics, signs, and intertextuality: collected papers*. Tôkyô: Academia Music.
TOKUMARU, Yosihiko et alii (eds.)
  1991 *Tradition and its future in music: Proceedings of the 4th Symposium of the International Musicological Society* (SIMS 1990 ÔSAKA). Tôkyô; Ôsaka: Mita Press.
TÖLÖLYAN, Khachig (ed.)
  1994 *Diaspora: A journal of transnational studies* 3(3) Winter.
TOPAZ, Muriel
  1996 *Elementary Labanotation: A study guide*. s. l. : Dance Notation Bureau.
TORP, Lisbet
  1990 *Chain and round dance patterns: a method for structural analysis and its application to European material*, vol.1-3. Copenhagen: Museum Tusculanum Press.
TREVOR-ROPER, Hugh
  1983 "The invention of tradition: the Highland tradition of Scotland." HOBSBAWM, Eric; RANGER, Terence (eds.) *The invention of tradition*. Cambridge:

Cambridge University Press: 15-42.

UM, Hae-kyung

2005 *Diasporas and interculturalism in Asian performing arts: Translating traditions*. New York: Routledge Curzon.

UPTON, Janet L.

2001 "The politics and poetics of *sister drum*: 'Tibetan' music in the global marketplace." *in* CRAIG; KING 2001: 99-119.

VAN ZILE, Judy

1982 *The Japanese bon dance in Hawaii*. Kailua, Hawaii: Press Pacifica.

1999 "Capturing the dancing: why and how?" *in* BUCKLAND, Theresa J. (ed.) *Dance in the field: theory, methods and issues in dance ethnography*. New York: Palgrave Macmillan: 85-99.

WACHSMANN, Klaus P.; CHRISTENSEN, Dieter; REINECKE, Hans-Peter (eds.)

1975 *Hornbostel opera omnia I*. Den Haag (the Hague): Martinus Nijihoff.

WASEDA, Minako

2000 *Japanese American musical culture in southern California: Its formation and transformations in the 20th century*. Ph. D dissertation, University of California Santa Barbara.

2013 "Gospel music in Japan: Transplantation and localization of African American religious singing." *Yearbook for traditional music* 45: 221-247.

WEIDMAN, Amanda

2014 "Anthropology and Voice." *Annual Review of Anthropology* 43: 37-51.

YOSHIDA, George

1997 *Reminiscing in swingtime: Japanese Americans in American popular music, 1925-1960*. San Francisco, California: National Japanese American Historical Society.

ZANTEN, Wim van

2002 *Glossary Intangible Cultural Heritage*. The Hague: Netherlands National Commission for UNESCO.

2004 "Constructing new terminology for intangible cultural heritage." *Museum International* 56(1-2): 36-44.

ZEMP, Hugo

1996 "The/an ethnomusicologist and the record business." *Yearbook for traditional music* 28: 36-56.

事項・人名索引
*がついているのは人名

あ
雅楽(ガアク)　94
阿姐鼓(アージェグー)　146, 147
アーヴァーズ　36, 37
アードラー、グイド*　153
アイデンティティ　12, 16, 29, 77, 82, 92, 97, 106, 108, 120, 122, 130-139
秋田　50, 57
アグン　19, 20
浅居明彦*　106
アップトン、ジャネット*　147
アフリカ・ディアスポラ（音楽）　118, 126
アブラハム、オットー*　155
奄美地方　57
アメリカ先住民　54, 140, 154, 156
アリストテレス*　152
アリラン　92, 97, 98, 99
　旧調アリラン　97
暗黙知　12

い
家元制度　68, 69, 119
硫黄島　75, 78, 80, 83
イスカラ iskala　29, 30, 31
イヌイット　42, 43, 52
異文化の融合　→文化融合
イラン音楽　36, 37, 47, 48
佾舞(イルム)　91, 93
インターロッキングリズム　13, 19
インタビュー　25, 81, 108, 128, 155
インド古典音楽　11, 19, 20
韻律　41, 42, 54, 56

う
ヴァン・ザイル、ジュディ*　29
ウード　48, 88
ヴェンダ　24, 158

ウォーターマン、リチャード*　119
ウズメ太鼓　102
歌の世界へと誘う力　57

え
映像音響メディア　108, 109, 111
映像記録　83, 84
映像番組　108, 109, 110, 111
HS法　156
エスニック・アイデンティティ　122, 123
エスニック・ルーツ　29
エスノサイエンス　28
越境　102, 116-127
エニグマ　145
エニグマ訴訟　145, 146, 148
MHS法　156
エリス、アレグザンダー＝ジョン*　153, 154

お
大鼓　68, 72
オクターヴ　47
押し手　72
思いのドキュメント　107
音階　47-49, 119, 154
音楽実践　48, 49, 105, 109, 122, 125, 128, 152, 155
音楽処理のモジュールモデル　52
音楽人類学　54, 79, 80, 83, 128, 157
音楽する（musicking）　10, 11
音楽する身体　10, 11, 16
音楽著作権　140
音楽的適合性（musical compatibility）　119
音楽民族学　→民族音楽学
音響的身体　11
オング、ウォルター*　45

か

ガーナ　140
ガイ、ナンシー*　146
カイニーム　28
雅楽　64, 67, 92, 159
楽譜　8, 13, 24, 25, 29, 33, 36-46, 62, 63, 68, 70, 72, 73, 94, 134, 145
掛け合い歌　50, 51, 55, 57, 59
掛唄　51, 57, 58, 59
影絵（人形）芝居　8, 9, 14, 16, 17, 80, 129
影絵人形遣い（ダラン）　9, 14
楽器と人のインターフェース　12
楽器博物館　85, 86
楽器分類表　88
楽曲分析　73
学校教育　70, 116
ガムラン　12, 128
歌舞伎　64, 92
樺太アイヌ　52
カリフォルニア　110, 116, 120, 117, 123, 124, 126, 145, 146
カルチャーセンター　70
カルトミ、マーガレット*　119
間テクスト性　59
カンボジア　80, 81, 82, 83, 84

き

記号論　59
記号論的アプローチ　59
貴州省　50, 55
記述的楽譜　44, 45
規範的楽譜　44, 45
記譜法　25, 33, 44, 72
金石出*（キムソクチュル）　96, 97
木村大治*　53
気鳴楽器　85, 88, 155
キャメラポジション　113, 114
宮廷太鼓合奏　140, 141
競技会　16, 17, 135, 137
狂言　64, 65

共同体　16, 76, 77, 95, 137, 138

く

クウェラ　126
口音（クウム）　68
口唱歌　67, 68, 72
口伝　65
組太鼓　122
クリンタン　19, 88
クレイトン、マーティン*　15
グローカル化　133, 135, 136, 137
グローバル化（グローバリゼーション）　125, 132, 133, 136, 142, 143, 146, 148
クロスリズム　20
クンスト、ヤープ*　156
グンデル・ワヤン　8, 12, 13, 16, 17, 88

け

稽古　8, 63, 65, 66, 68, 70
ケイタ、ママディ*　79
計量音楽学　54, 158
計量舞踊学　158
ケプラー、エイドリアン*　28
ケレシュメ　41-42
研究の中立性　105, 111
言語的創造性を支え刺激する型　59
弦鳴楽器　85, 88

こ

孔子*　93, 152
口頭伝承　29, 44, 45, 135
声　8, 10, 11, 14 42, 43, 50-59, 65, 67, 108, 125, 130, 155
声の身構え　57
国際化　143
国際交流基金　81
国際伝統音楽学会　104
黒人霊歌　118
国民文化　82
国立国楽院　91, 93, 94

事項・人名索引 | 183

国立民族学博物館　50, 86, 106, 110
高宗（コジョン）*　90
ゴスペル　117, 125, 126
五線譜　25, 33, 36, 37, 38, 39, 40, 41, 42, 43, 44, 62, 72, 159
小鼓　68, 72, 88
箏　67, 68, 72, 155
コミュニティ　16, 76, 77, 80, 82, 84, 108, 109, 111, 118, 131, 139
娯楽　32, 55, 59, 97, 106
コルサート、マックス*　52
コロン　49
コンドルは飛んで行く　76

さ
採譜　24, 25, 30, 31, 34, 43, 43, 44, 73, 159
サイモン&ガーファンクル*　76
ザ・クロス・オブ・チェンジズ　145
撮影　50, 78, 81, 83, 113, 114, 115
サルデーニャ（島）　22, 29, 32
サルデーニャ舞踊　22, 23, 34
ザックス、クルト*　85, 86, 140, 156
ザッリンパンジェ、ナスロッラー*　45
山歌　50, 51, 55, 56, 57, 59
サンシ　13, 14
サントゥール　36, 88
サンプリング技術　143, 147
参与観察　28, 128, 129

し
シーガー、アンソニー*　79, 82
自鳴楽器　85, 155, 156
卜田隆嗣*　158
社会性　29, 53
尺八楽　64
ジャズ　11, 20, 118, 120, 121, 124, 126
三味線　62, 63, 67, 68, 72, 88, 155
三味線音楽　64, 67, 69
ジャンベ　75, 79
自由リズム（フリーリズム）　19, 20

朱哲琴（ジュージョーチン）*　147
襲名　69
重要無形文化財　91, 92, 94, 95, 97, 99
シュトゥンプ、カール*　154
消滅の語り　132
書記伝承　134
身体　8-18, 19, 20, 24, 28, 33, 34, 38, 39, 52, 57, 59, 64, 65, 71, 80, 103, 108, 109, 131, 134
身体技法　11, 15, 17, 53
身体性　11, 53
人類の口承および無形遺産の傑作の宣言　77, 82

す
ズーム　113, 114
図形楽譜　72
スコティッシュ・カントリーダンス　131, 136
スチールギター　126
スバエク・トム　80, 81, 82, 83, 84
スモール、クリストファー*　10

せ
生成の語り　133
声調　54, 55
声調言語　54, 55, 56
生物資源　148
生物多様性条約　148
西洋中心主義　144
世界知的所有権機関（WIPO）　76, 77
世界知的所有権機関条約　144-145
釈奠（せきてん）　93, 94
仙台市秋保地区　73
セント　154
ゼンプ、ユーゴー*　144, 146
旋法　47, 48, 49
仙北荷方節　58

そ
箏曲　64, 65, 67

想像上の共同体　138
俗楽(ゾクガク)　94
宗廟祭礼楽(そうびょうさいれいがく)　91, 92, 93, 94, 95
宗廟大祭(そうびょうたいさい)　90, 91, 93
奏法譜　38, 39
即興　14, 15, 19, 20, 30, 49, 57, 58, 72, 98

た
太鼓集団「怒」　103, 106
第三世界　142, 143, 144, 145, 146, 147, 148
体鳴楽器　85, 88, 156
田植踊　73
ダウランド、ジョン*　130
多音楽能力　159
タゴール、S. M.*　85
ダストガーハ　47
脱テリトリー化　132, 133, 134, 135
タップ、ウィリアム*　143
タブラチュア譜　39
多文化的　127
タラーイー、ダーリューシュ*　48
タリス、トーマス*　130
ダリット（不可触民）　110
タンゴ　24

ち
知的財産　147, 148
知的財産権　142, 148
チベット文化　147
中央アジア　52
著作権　76, 140-149
旌善(チョンソン)アラリ　97, 98, 99

つ
創られた伝統　139
柘植元一*　45

て
ディアスポラ　116-127
ティー・チアン*　81, 82, 83

ディープ・フォレスト　144, 147
ディープ・フォレスト事件　143, 144, 146
ディファン*　145, 146
ティンホイッスル（ペニーホイッスル）　126
大吹打(テチュイタ)　93
テトラコルド　47, 48, 49
伝承　62-71
伝統　64, 65, 76, 82, 94, 97, 117, 132, 133, 136, 137, 141, 156
伝統的知識　148
伝統的文化財　148
伝統文化　77, 92, 95, 99

と
動画　70, 86, 134, 135
トゥヴァ　52
ドゥルパド　15
トープ、リスベルト*　27
徳丸吉彦*　12, 43, 64
特許　148
富崎春昇*　66
富永敬琴*　65, 66
富山清琴（初代）*　65
トラヴェラー　130, 131
トランス　10
トランスナショナル　133, 134
トリコルド　47
トンガの舞踊　28

な
ナーティヤ・シャーストラ　85
長唄　62, 63, 67, 69, 72, 74
長唄囃子　68, 72
ナショナリズム　25, 82, 83
南相淑(ナムサンスク)　94

に
二重音楽性　159
日系人　102, 117, 122, 123, 124
日葡辞書　153

人形浄瑠璃　64
人間国宝　92
人間文化財　92, 95, 96

ね
ネトル、ブルーノ*　119, 157

の
能　64, 65, 92, 132
喉歌　52
野村萬斎*　65
野村万作*　65
農楽(ノンアク)　95

は
ハースコヴィッツ、メルヴィル*　119
パース、チャールズ・S.*　59
パーセル、ヘンリー*　131
ハーツォグ、ジョージ*　54
灰田晴彦*　126
ハイパースペース　133, 134, 135, 137, 138, 139
ハイブリッド性　118, 120
バッキー白片*　126
八朔太鼓踊り　78, 79, 83
話し方　53
パプアニューギニア　10
バルケシュリー、メヘディ*　47
パルス　19
バリ　8, 9, 12, 13, 14, 15, 16, 17, 19, 129
ハワイ　29, 120, 122, 123, 124, 126, 132
ハワイアン（音楽）　122, 126
ハワイアン・スチールギター　126
万国著作権条約　76, 144

ひ
比較音楽学　47, 86, 153, 154, 155, 156
東日本大震災　64, 70
ヒキイロ　67
被差別部落　102, 103, 105, 106, 107, 110, 111

微分音　43, 48, 49
ヒヤール　15
表音譜　38, 39
ヒロシマ　121
ピン・ピアット　80

ふ
ファーラビー、アル*　48
ファンティ王国　140, 141
プイ族　50, 56
フィールドノート　128
フィールドバック　160
フィールドワーク　24, 25, 29, 73, 128-129
フェルド、スティーヴン*　129
フェルドとフォックス*　54
フォークロア　25, 76, 77, 145
フォントムフロム　140, 141
巫俗(ふぞく)（シャーマニズム）儀礼　92, 95, 96
フッド、マントル*　159
舞踊の「形式」　26
フラ　119, 122, 132
部落解放同盟　106
ブラッキング、ジョン*　11, 24, 32, 157, 158
フラメンコ　24, 33
ブルース　118, 120
ふるさとの祭り　71
ブルデュー、ピエール*　15
フレーム　113, 114
フュージョン文化　143
文化財保護法　80, 92, 99
文化多様性　77
文化的表象　147
文化変容　119, 123
文化融合（シンクレティズム）　118, 119, 120, 143
文廟(ぶんびょう)祭礼楽　93, 94
文楽　64, 92

へ
ベイカー、セオドア*　154

ベイリー、ジョン* 12, 159
ベトナム雅楽復興プロジェクト 71
ベルヌ条約 144
ペレツ、イザベル* 52
ヘロドトス* 152
ペンタコルド 47

ほ
ボアズ、フランツ* 27
ボーダレス化 143
ホーミー 52
ポランニー、マイケル* 12
ポリフォニー 22
ポリリズム 20, 21
ホルンボステル、エーリヒ＝モーリツ・フォン* 85, 86, 154, 155, 156
ポロス 13, 14
ボンガンド 53

ま
マアルーフィ、ムーサー* 44, 45
マイノリティ 102-112, 121, 122, 124
マイヨン、ヴィクトール＝シャルル* 85, 155, 156
マカーム 47
マカレスター、デヴィド* 156, 157
膜鳴楽器 85, 88, 155
マジョリティ 104, 105
祭囃子 68
マリノフスキ、ブロニスワフ・K.* 128

み
ミリガン、ジーン* 136, 137, 138
民族音楽学 10, 19, 22, 24, 32, 42, 43, 47, 53, 54, 83, 86, 104, 107, 111, 112, 118, 119, 128, 129, 142, 148, 152-160
民俗芸能 64, 69, 70, 80, 92, 95
民族誌 128, 129
民族誌批判 129
民族舞踊学 24, 25, 29, 33

民俗文化財 80, 92
民謡 54, 58, 64, 92, 97, 98, 116, 120, 147, 153

む
ムーシケー 24
ムーダン 95, 96
無形文化遺産 71, 74-84, 93, 94, 95, 98, 99
無形文化遺産保護条約 75, 76, 77, 82
無形文化財 80, 90-99
無形文化財保護 92, 96

め
メリアム、アラン・P.* 54, 119, 128, 156, 157, 160
メンドン 78, 79

も
モース、マルセル* 15
文字譜 41
モルフォカイン 28
モンゴル 52

や
八佾舞 91
山口修* 158
山田陽一* 10
ヤマナカ、マーク* 122

ゆ
YouTube 22, 73, 134
ユネスコ 75, 76, 77, 80, 82, 144
ユネスコ無形文化遺産 71, 91, 93, 94, 98, 99

ら
ラーガ 47
ラーマーヤナ 80
ライス、ティモシー* 160
ラウネッダス 22, 23, 29, 30, 31, 32, 33, 88
ラディーフ 44, 45
ラバノーテーション 25, 27, 31, 33, 34

ラバン、ルドルフ・フォン*　33
ラム、ジョセフ*　116, 121
ラメント　54
ランガージュ　159
ラング　28, 159

り

リスト、ジョージ*　54
リズム　11, 15, 19-21, 36, 40, 41, 67, 68, 72, 94, 95, 96, 107, 126, 154, 158
リズム周期　15, 20

る

ルーツ文化　120

れ

レイェス、アデライダ*　104

レンズ　113

ろ

ロイヤル・スコティッシュ・カントリーダンス協会　136
ローカル化　132, 133
ローマックス、アラン*　54, 158
録音　22, 25, 38, 70, 73, 78, 113, 114, 130, 144, 154, 155, 158
六段の調　67

わ

ワールド・ミュージック　143, 147
和太鼓　88, 102, 105, 106, 107, 122

世界地図

本書で扱われる国、地域を略示した

著者紹介 (執筆順)

増野亜子（ましの・あこ）
東京芸術大学大学院音楽研究科修了、お茶の水女子大学大学院人間文化研究科博士後期課程単位取得退学。博士（人文科学）。現在、東京芸術大学・国立音楽大学他非常勤講師。著書：『声の世界を旅する』（音楽之友社）、*Performing arts in postmodern Bali*（共著、Shaker Verlag）、他。

寺田吉孝（てらだ・よしたか　1954-2023）
ワシントン大学音楽部民族音楽学科博士課程修了。PhD。国立民族学博物館名誉教授。編著書：*Music and society in South Asia.* (National Museum of Ethnology)、*T.N. Rajarattinam Pillai: Charisma, caste rivalry and the contested past in South Indian music* (Speaking Tiger Books) 映像番組：『怒——大阪浪速の太鼓集団』、『大阪のエイサー——思いの交わる場』、他。

金光真理子（かねみつ・まりこ）
東京芸術大学大学院音楽研究科博士後期課程修了。音楽学博士。現在、横浜国立大学教育学部准教授。主要論文：「ラウネッダスの舞踊曲のイスカラあるいは一連の旋律型の分析」（『音楽学』第52巻2号）、「サルデーニャ舞踊における音楽と舞踊の相関関係」（『舞踊学』第31号）、他。

谷正人（たに・まさと）
イラン国立芸術大学（サントゥール）卒業。大阪大学大学院文学研究科博士後期課程修了（音楽学）。ファラーマルズ・パーイヴァル、スィヤーバシュ・カームカールらにサントゥールを師事。1998年第1回イラン学生音楽コンクールサントゥール独奏部門奨励賞受賞。現在、神戸大学国際人間科学部准教授。著書に『イラン音楽——声の文化と即興』（青土社、2007年、第25回田邉尚雄賞受賞）、『イラン伝統音楽の即興演奏——声・楽器・身体・旋法体系をめぐる相互作用』（スタイルノート、2021年）他。
著者のウェブサイト　http://www2.kobe-u.ac.jp/~tanimast/。

梶丸岳（かじまる・がく）
京都大学大学院人間・環境学研究科博士後期課程指導認定退学。博士（人間・環境学）。現在、京都大学人間・環境学研究科助教。著書『山歌の民族誌：歌で詞藻（ことば）を交わす』（京都大学学術出版会）、*An anthropology of ba*（共編著、京都大学学術出版会）、『フィールドノート古今東西』（共編著、古今書院）他。

小塩さとみ（おしお・さとみ）
お茶の水女子大学大学院博士課程満期退学。論文「長唄三下り曲における旋律生成の仕組み」にてお茶の水女子大学より博士（人文科学）取得。現在、宮城教育大学教授。著書：『現代日本社会における音楽』（共著、放送大学教育振興会）、『日本の伝統芸能講座　音楽』（共著、淡交社）、『日本の音、日本の音楽』（共著、アリス館）、他。

福岡正太（ふくおか・しょうた）
東京芸術大学大学院博士後期課程満期退学。現在、国立民族学博物館教授。著書：『音楽の未明からの思考』（共著、アルテスパブリッシング）『東南アジアのポピュラーカルチャー——アイデンティティ・国家・グローバル化』（共編著、スタイルノート）、他。

植村幸生（うえむら・ゆきお）
東京藝術大学大学院博士後期課程満期退学。現在、東京藝術大学音楽学部楽理科教授。著書：『韓国音楽探検』『アジア音楽史』（共編著）（以上、音楽之友社）『諸民族の音楽を学ぶ人のために』（共著、世界思想社）校注・解説：『東洋音楽史』（田辺尚雄著、平凡社）、他。

藤岡幹嗣（ふじおか・もとし）
大阪芸術大学大学院芸術制作研究科修士課程修了。修士（芸術制作）。現在、立命館大学映像学部准教授。主要作品：「RVMV 成果映像作品集」「僕は神戸生まれで震災を知らない」「大木の担いだんじり——火走神社秋季例祭」、他。

早稲田みな子（わせだ・みなこ）
カリフォルニア大学サンタバーバラ校大学院民族音楽学博士課程修了。Ph.D. 現在、国立音楽大学教授。著書：『日系文化を編み直す──歴史・文芸・接触』（共著、ミネルヴァ書房）、他。主要論文："*Naniwa-bushi* in Hawai'i: The rise and fall of a Japanese narrative art in diaspora" (*Yearbook for Traditional Music* 2020)、他。

髙松晃子（たかまつ・あきこ）
お茶の水女子大学大学院人間文化研究科博士課程修了。博士（人文科学）。現在、聖徳大学音楽学部教授。著書：『スコットランド　旅する音楽と人々』『はじめての世界音楽』（共著）（以上、音楽之友社）、『世界音楽の本』（共著、岩波書店）、『音楽文化学のすすめ』（ナカニシヤ出版）、『音楽学研究室の放課後』（ヌース出版）、他。

塚田健一（つかだ・けんいち　1950-2019）
東京藝術大学大学院音楽研究科修士課程修了。ベルファスト・クイーンズ大学大学院社会人類学科博士課程修了。Ph.D.　広島市立大学名誉教授、桐朋学園大学大学院教授等を歴任。著書：『アフリカの音の世界』（新書館）、*Kenichi Tsukada & Ryuichi Sakamoto Selections: Traditonal music in Africa*（共著、エイベックス）、『アフリカ音楽学の挑戦』（世界思想社、第32回田邉尚雄賞受賞）。

徳丸吉彦（とくまる・よしひこ）
東京大学で音楽学・美学を学び、後にラヴァール大学から博士号取得。国立音楽大学、お茶の水女子大学、放送大学を経て、現在は聖徳大学客員教授・お茶の水女子大学名誉教授。国際音楽学会よりグイード・アードラー賞受賞。最近の著書：『ミュージックスとの付き合い方：民族音楽学の拡がり』（左右社、民族藝術学会木村重信賞受賞）、『ものがたり日本音楽史』（岩波書店、毎日出版文化賞・特別賞受賞）。

民族音楽学 12 の視点

2016年 4 月10日　第 1 刷発行
2024年 1 月31日　第 5 刷発行

監修者　徳　丸　吉　彦
編　者　増　野　亜　子
発行者　時　枝　　正

発行所　株式会社　音　楽　之　友　社

〒 162-8716
東京都新宿区神楽坂 6 – 30
電話03（3235）2111㈹
振替 00170-4-196250
https://www.ongakunotomo.co.jp

Printed in Japan
©2016 by Yosihiko TOKUMARU, Ako MASHINO et al.
ISBN978-4-276-13510-9　C1073

著作権の処理をするため、しかるべき手段を講じましたが、連絡先がわからず、連絡がとれていないものがあります。連絡先をご存知の方がいれば、小社までお知らせください。

装丁・本文デザイン（中扉）：渡辺一郎／本文デザイン：柳川貴代／印刷：星野精版印刷／製本：ブロケード

本書の全部または一部のコピー、スキャン、デジタル化等の無断複製は著作権法上での例外を除き禁じられています。また、購入者以外の代行業者等、第三者による本書のスキャンやデジタル化は、たとえ個人や家庭内での利用であっても著作権法上認められておりません。

落丁本・乱丁本はお取り替えいたします。